**어린이 예배,
어떻게 할 것인가?**

초판발행	2017년 10월 2일
초판2쇄	2024년 1월 12일
지은이	강용원 문화랑 안재경 박신웅
발행처	도서출판 생명의 양식
등록번호	서울 제22-1443호 (1998년 11월 3일)
주소	06593 서울시 서초구 고무래로 10-5 (반포동)
전화	02-533-2182
팩스	02-533-2185
홈페이지	www.edpck.org
북디자인	노성일 designer.noh@gmail.com
ISBN	979-11-6166-012-7 (04230)
	979-11-6166-011-0 (set)

책값은 뒷표지에 있습니다.

이 책은 저작권법에 의해 보호를 받는 출판물입니다.
기록된 형태의 출판사의 허락이 없이는 무단 전재와 복제를 금합니다.

이 도서의 국립중앙도서관 출판예정도서목록(CIP)은 서지정보유통지원시스템 홈페이지 (http://seoji.nl.go.kr)와 국가자료공동목록시스템(http://www.nl.go.kr/kolisnet)에서 이용하실 수 있습니다. (CIP제어번호: CIP2017024888)

주일학교 어린이 예배
이슈와 실천 방안

어린이 예배, 어떻게 할 것인가?

강용원
문화랑
안재경
박신웅

공저

생명의 양식
THE BREAD OF LIFE

어떻게 할 것인가? 시리즈
기독교교육, 예배학 교수, 현직 목회자, 어린이 사역 전문가가 함께 고민하여 예배에 대한 전문적인 진단과 실제적인 대안을 제시하는 책입니다.

"

예배 참여자가 이해하는 understandable 방식을 취하되,
그들이 원하는 wanted 방식을 따르는 현상에 대해서,
근본적인 반성이 필요하다.

이전에 있던 다양한 예배 형식을 비평적으로 살피고,
하나님께 영광, 어린이들은 복을 누리는 예배를 디자인하되,
어린이들의 언어와 문화를 무시하지 않아야 한다.

어린이예배, 어떻게 할 것인가?

9	1장. 강용원 —	어린이 예배, 어떻게 드릴 것인가
67	2장. 문화랑 —	주일학교 전통에서의 예배: 회고와 전망
99	3장. 안재경 —	개혁교회 어린이 예배
137	4장. 박신웅 —	어린이 예배의 어제, 오늘 그리고 내일

'어떻게 할 것인가?'
시리즈를 출간하면서

한국교회의 교육현장이 급변하고 있다. 어제의 부흥하던 한국교회는 더 이상 존재하지 않는다. 저출산과 고령화의 광풍이 불며, 한국교회는 점차 그 힘을 잃어 가고 있다. 덩달아 주일학교와 교회교육의 여건 또한 악화일로를 걷고 있다. 이러한 때, 교회교육 생태계에 중요한 역할을 하고 있는 몇 몇 부분들을 제대로 짚어보고 앞으로 한국교회와 교회교육 전문가들이 어떻게 대처해야 할 지 고민하고 논의하는 장을 마련하고자 '어떻게 할 것인가?'라는 시리즈 세미나를 고신총회 총회교육원이 기획했고, 그 첫 걸음으로 지난 3월, 어린이 예배에 대해 세미나를 개최하였다. 그 세미나를 마치고 세미나 내용에 대해 여러 독자들의 뜨거운 반응과 요구로 이번에 그 내용을 담아 책으로 출간하게 되었다.

어쩌면 너무도 친숙한 용어인 어린이 예배, 그러나 현실의 어린이 예배는 점차 힘을 잃고 있고, 주일학교 현장의 목소리는 어린이 예배를 어떻게 할지 모르겠다는 아우성이다. 이러한 때 어린이 예배에 대한 논의를 하면서 어떻게 할 것인가 시리즈를 출간하는 것은 참으로 의미 있는 첫 걸음이라 생각된다. 한 사람의 예배자로서 어린이, 그들은 어제, 어떻게 예배드렸을까? 그리고 오늘은 어떤 예배를 드리고 있으며, 앞으로 어떤 예배자로 서야할까? 이에 대해 간만에 깊은 논의들이 이루어져 감사하다. 사실, 그간 한국교회에서 숱한 어린이 예배들이 드려졌고, 예배의 변화들도 경험해 왔지만, 이것에 대해 본격적으로 정리된 책을 보기 쉽지 않았다. 작은 책으로나마 출간되어 기쁘고 반갑다.

이 책은 지난 3월 기독교교육과 예배학을 담당하는 교수와 예배에 대해 오랫동안 고민을 하며 씨름하고 있는 현직 목회자, 그리고 어린이 부서의 교재를 개발하고 어린이 사역을 하는 전문가들의 어린이 예배에 대한 발제와 토론의 결과물이다. 아직 한국에서 어린이 예배에 대해 조금은 학술적이고, 조금은 전문적인 책이 출간된 적이 없는 실정에서 이 글을 위해 저자들이 많은 연구와 노력을 하였고, 그 결과물이 오늘에 빛을 보게 되었다. 여전히 완결된 형식의 논의는 아니지만, 이 작은 책이 어린이 예배에 대해 고민하는 수많은 한국의 어린이 사역자들과 목회자들, 그리고 전문가들에 활발한 논의의 장을 만들어 주고 새롭게 어린이 예배에 대해 교육학적, 예배학적, 실제적 논의의 장으로 이끌어 주길 기대해 본다. 이를 통해 한국교회의 어린이 예배가 하나님이 기뻐하시는 바른 모습으로 회복되길 소망해 본다. 아울러, 이 글을 위해 수고해 주신 저자들에게 심심한 감사를 드린다.

2017년 9월 총회교육원 원장 박신웅 목사

1장

강용원

어린이 예배, 어떻게 드릴 것인가

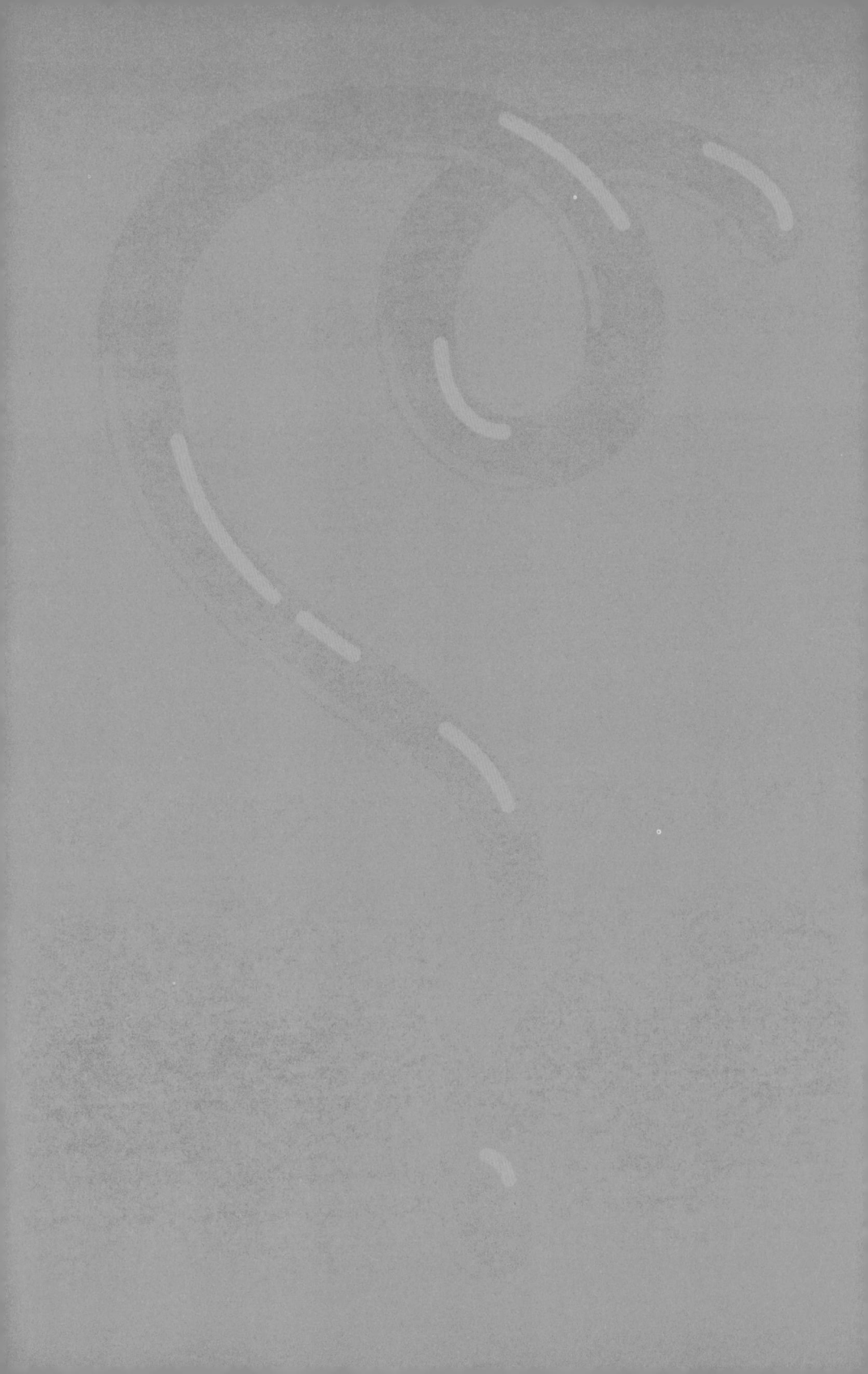

어린이 예배, 어떻게 드릴 것인가

강용원 명예교수
(고신대학교 기독교교육과)

들어가는 말

우리 상황에서 어린이 예배는 어린이의 신앙교육과 관련하여 매우 중요한 역할을 하고 있다. 주로 주일학교에서 이루어지는 어린이 교육은 어린이 예배와 분반공부가 중심을 이루고 있다. 이 가운데 성경을 가르치는 일에 대한 연구와 실천은 매우 전문화되어 있으나, 어린이 예배에 관한 전문화된 연구는 상대적으로 미비한 느낌이 든다. 이런 의미에서 어린이 예배에 대한 이 글이 주일학교 현장에서 매우 유용할 것이라고 기대한다.

이 글에서는 어린이 예배와 관련된 몇 가지 이슈에 대해서 개관하고, 어린이 예배와 관련된 연구와 실천의 방향을 제시하고자 한다.

어린이 예배의 논의를 위해서는 (1)예배의 개념, (2)예배와 교육, (3)예배와 어린이의 관계, (4)예배와 예전, (5)세대통합예배 등이 먼저 다루어져야 할 것으로 보인다. 이러한 배경 논의를 기초로 어린이 예배를 어떻게 드릴 것인지를 심도 있게 생각할 수 있을 것이다.

예배의 개념

일반적인 예배의 정의

어린이 예배에 대한 논의는 일반적인 예배의 의미와 무관하지 않다. 오늘날 드려지는 어린이 예배가 예배의 본질에서 많이 벗어나는 모습을 볼 수 있기 때문이다. 무엇보다도 예배의 핵심은 구원받은 하나님의 백성들이 하나님께 마음과 몸을 드려 영광을 돌리는 일이다. 예배자는 예배에서 하나님을 만나고, 그가 베푸시는 은총을 체험하는 것이다.

예배의 본질에 대한 논의는 다양하게 이루어졌다. 예배는 신자의 삶에서 가장 중심적이고 핵심적인 일이며 교회가 행하는 가장 중요한 사역이기도 하다. 그래서 사람들은 교회를 예배당이라고 부르고 교회에 가는 것을 '예배 보러 간다'고 말한다. 교회마다 수없이 많은 예배가 드려지고 있지만 예배에 대한 정의를 내리는 것은 쉬운 일이 아니다. 예배 속에는 다양한 요소들이 작용하고 있기에 이런 요소들을 모두 아우르는 정의를 내리기가 쉽지 않기 때문이다. 또한 교파적 전통에 따라서 다양한 형태의 예배가 존재하고 있기 때문이다. 각각의 전통 속에는 예배와 예배에 포함된 각 요소들에 대한 다양한 신학적 해석이 존재하고 있다. 이런 이유로 예배에 대한 정의는 부분적일 가능성이 많으며, 예배를 정의한다는 그 자체가 예배를 제한하는 일이 될지도 모른다. 그럼에도 불구하고 많은 사람들은 예배를 정의하기 위해서 노력해 왔다.[1] 수많은 정의들을 다음 몇 가지로 유형화하여 정리해 볼 수 있을 것이다.[2]

첫째, 묘사적 서술이다. 이러한 정의는 예배를 객관적으로 묘사하는 것으로서 예배를 응답이나 만남, 혹은 대화로 묘사한다. 많은 학자들이 예배를 응답으로 묘사하고 있다. 예를 들면 압바(Raymond Abba)는 예배가 하나님께 가치 있는 것을 돌려드리는 것임을 강조하면서 다음과 같이 정의하였다. "예배는 본질적으로 응답인바 곧 하나님의 은혜의 말씀과 그가 우리 인간들과 우리의 구원을 위하여 행하신 일에 대한 인간들의 응답이다."[3] 언더힐(Evelyn Underhill)은 예배를 "영원자에 대한 피조물의 응답"이라고 하였다.[4] 지글러(Franklin M. Segler)도 "기독교 예배는 그 본질에 있어서 하나님의 구원 계시에 대한 인간의 응답이 되는 것이다."라고 말하였다.[5] 웨버(Robert Webber)는 예배를 만남으로, 헉스터블(John Huxtable)은 예배를 대화로 묘사한다.[6]

둘째, 해석적 서술이다. 예배의 개념을 묘사적인 차원을 넘어서 그것의 본질을 해석하는 형태의 정의들이다. 예를 들면 존스(Richard G. Jones)는 예배를 축하(celebration)로 파악한다.[7] 알멘(J.-J. von Allmen)은 예배를 구원사의 요약(recapitulation), 교회의 자기표현, 그리고 세상의 종말과 미래를 지향하는 것으로 설명한다.[8] 이것은 다분히 예배의 내용,

교회의 정체성과 같은 신학적 내용을 다루는 정의로 보인다. 훈(Paul Hoon)은 "기독교 예배는 예수 그리스도 안에 있는 인간의 영혼을 향한 하나님의 역사와 예수 그리스도를 통한 인간의 응답적 행위에 근거한다."[9]고 하면서 기독론적인 경향성을 보인다. 그는 기독교 예배의 중심 개념을 하나님의 계시와 인간의 응답으로 보았고, 이 양자의 중심에는 그리스도가 계시는 것으로 보았다.

셋째, 목적적 서술이다. 이것은 예배의 정의를 응답하는 것에 두면서도 구체적으로 목적 중심으로 진술하는 것이다. 레이번(Robert Rayburn)은 다음과 같이 정의하였다. "예배는 신자의 새 생명의 활동인데 예수 그리스도의 인격에 나타난 신격(Godhead)의 충만과 그의 강력한 구속의 행위를 깨닫고, 성령의 능력으로 그에게 합당한 영광, 존귀, 순종을 살아계신 하나님에게 드리기를 노력하는 것이다."[10] 맥아더(John McArthur)는 "예배는 최상의 존재에게 존경, 경의, 찬양, 영광을 돌려드리는 것이다."라고 정의하였다.[11]

넷째, 당위적 서술이다. 여기에 해당되는 정의들은 "예배는 삶의 예배이다."와 같은 형태이다. 존스(Ilion T. Jones)는 "복음주의 예배는 복음 안에서 발견되는 하나님의 성품과 목적의 계시와 조화를 이루는 예배이다." 그는 복음주의 예배가 말씀이 계시해 주시는 하나님의 성품과 목적에 일치하는 예배이어야 함을 강조한다.[12]

이러한 일반적인 정의들로부터 느껴지는 것은 예배의 정의가 다소 추상적이고 원리적인 경향이 있어 보이고, 예배가 하나님의 주도권에 의해서 이끌어지는 인간의 응답행위임이 분명하지만 예배자의 편에서 일어나는 변화에 대해서는 거의 표현되고 있지 않다는 점이다.

예배의 중심에는 하나님과의 만남이 있으며, 만남은 체험이다. 저자는 다음과 같이 정의를 시도해 본다. "예배는 하나님의 사랑에 믿음으로 응답하는 종합사역으로 하나님께 영광이 되며 예배자에게는 변화의 역사가 동반된다."[13]

개혁주의 예배

개혁파 예배의 특징은 다양하게 나타난다. 최윤배는 칼빈의 예배에 대한 여러 가지 선행연구를 기초로 다음과 같이 그 특징을 정리하고 있다.[14]

> 첫째, 칼빈의 예배신학은 성경에 표준을 두어 초대교회와의 연속성을 강조하는 특징을 가지고 있다.
> 둘째, 칼빈의 예배신학은 하나님의 영광과 은혜를 강조하는 동시에, 예배 참석자들의 죄성과 구원을 강조하는 특징을 갖는다.
> 셋째, 칼빈의 예배신학 속에는 균형과 조화의 원리가 작용한다.[15]
> 넷째, 칼빈의 예배신학은 단순하고, 이해가능하다는 특징을 가지고 있다.
> 다섯째, 칼빈의 예배신학은 그리스도의 삶과 세상을 올바로 바라보게 하는 지향성을 가지고 있다.
> 여섯째, 칼빈의 예배신학은 교회론적, 그리스도론적, 성령론적, 종말론적 특징을 가지고 있다.

허순길은 개혁주의의 언약적 예배의 특징을 다음과 같이 말한다.[16]

첫째, 개혁교회 예배는 신약적인 수직적(vertical) 예배이다. 이것은 구약적인 수평적(horizontal)인 방법과 대조되는 것이다. 구약의 예배는 제사장을 통한 먼 길이었으나, 그리스도께서 오심으로 하나님을 직접 만나는 길이 열렸다.

둘째, 개혁교회 예배는 그리스도의 몸 된 교회의 지체들이 다 함께 회집하여 드리는 것이다. 개혁교회 예배는 하나님의 언약의 백성들의 가족(부모와 언약의 자녀들, 노년과 청년)이 언약의 하나님 앞에 함께 모이는 아름다운 기회이다.

셋째, 개혁교회 예배에는 교회의 모든 직분자들이 함께 봉사에 나선다.

넷째, 개혁교회의 예배는 직분자들과 회중이 능동적으로 참여케 된다.

다섯째, 개혁교회 예배는 언약적 예배(covenantal worship)이다. 언약에는 두 상대가 있다. 개혁교회 예배는 하나님으로부터 내려오는 요소와 회중으로부터 올려드리는 요소가 있다.

이성호는 개혁파 예배의 특징을 '(1)성례전 중심에서 설교 중심으로, (2)성직자 중심에서 회중 중심으로, (3)하나님 중심: 복잡함에서 단순함으로' 요약하면서 진정한 예배 갱신의 과제로 설교의 갱신, 성례의 갱신, 찬송의 갱신을 들고 있다. 특히 그는 종교개혁은 예배에서 설교를 중심에 놓았지만, 그 후의 세대들은 설교를 예배의 전부로 만들어 버렸음을 지적하면서 성례전을 조화있게 예배 속에서 회복하는 것이 튼튼한 교회를 세워나가기 위해서 개혁교회가 추구해야할 중요한 과제임을 지적한다.[17] 이성호는 성례전의 회복을 통해 예전의 회복을 간접적으로 표현하고 있다.

드종(James De Jong)은 개혁주의 예배를 "하나님께서는 찬양 받으시고, 그의 교회는 축복을 받는, 하나님과 하나님의 백성 사이에 규정된 연합집회(공동체적 회집)이다."[18]라고 정의하였다. 그는 이러한 정의를 다음과 같이 몇 가지로 나누어서 설명하고 있다.

첫째, 예배는 회집이다. (Worship is meeting.)

둘째, 예배는 공동체적 회집이다. (Worship is a corporate meeting.)

셋째, 예배는 규정을 따라서 하는 공동체적 회집이다.
(Worship is a prescribed, corporate meeting.)

넷째, 예배는 하나님과 그의 백성 사이에 규정된 공동체적 회집이다.
(Worship is a prescribed, corporate meeting between God and his people.)

다섯째, 예배는 하나님께 찬양을 돌리는 회집이다.
(Worship is a meeting in which God is praised.)

여섯째, 예배는 교회가 축복받는 회집이다.
(Worship is a meeting in which the church is blessed.)[19]

드종의 정의는 예배의 공동체적인 성격을 특히 강조하고 있다. 공예배는 기독교인 개개인의 개별적 행위의 집합이 아니고 공동체로서의 교회전체의 공동적 행위이다. 개별주의는 예배의 정신이 아니다. 우리가 구원을 받았다고 하는 것은 구원함을 받은 단체, 즉 교회에 속했다는 것을 의미한다. 그러므로 구원받은 모든 자는 하나님의 구속의 은혜에 공동체적 예배를 드리는 것이다.

여기서 우리는 개혁주의 예배의 특징을 두 가지로 요약할 수 있을 것이다. 첫째는 언약의 구조에 기초한 예배로 올라감과 내려옴의 구조이다. 둘째는 언약의 공동체성이 강조되는 예배이다.

예배와 교육

예배의 본질에 대한 학자들의 견해는 강조점에 따라 차이를 보인다. 그럼에도 불구하고 본질적인 예배 경험은 하나님의 '계시적 오심'과 인간의 '신앙적 응답'으로 표현될 수 있을 것이다. 그러므로 비록 예배가 교육 그 자체는 아니라 해도, 예배에 참여하는 일은 회개와 결단을 동반하는 삶의 전환을 이루는 계기를 주기 때문에 예배의 체험은 곧 배움의 행위가 되는 것이다. 만약 교회교육이 인간의 참된 변화에 목적을 둔다면, 하나님과 인간의 만남에 예배 본질의 초점을 둠으로써 예배는 중요한 교육적 의미를 가진다고 할 수 있다. 예배는 성도들의 영적 성장을 위해 필수불가결한 요소이다. "예배는 교회에서 할 수 있는 가장 중요한 교육적 기회라고 할 수 있다. 교회 생활의 중심에서 교인을 교회될 수 있도록 교육하는 것이다."[20]

무엇보다도 설교가 신앙의 가르침의 가장 중요한 요소라는 사실에 대해서는 이론이 있을 수 없다. 설교는 하나님의 마음과 요구를 청중에게 전하는 것이기 때문이다. 역사적으로 예배는 언제나 교육과의 연관 속에서 이해되고 해석되어 왔는데, 특히 말씀 중심의 예배가 개신교 예배의 특징을 이루면서 더욱 강조되고 있다. 개신교 예배는 하나님의 말씀을 중심에 세움으로 교육과 깊은 관계 속에 있는 예배가 되었다. 설교는 개신교 예배의 심장과도 같다. 신학적으로 설교는 '하나님의 말씀의 선포'라는 기능을 갖는다. 그러나 설교는 하나님의 말씀의 선포이기는 하지만, 예배 참여자의 편에서는 설교를 들음을 통해서 믿음을 얻게 되는 것이다. 이것은 곧 교육적인 기능이다. 설교 안에서 하나님은 인간을 믿음과 순종의 삶으로 부르시며, 그러한 삶은 곧 교회교육이 추구하는 목적과 부합된다. 또한 설교가 예배를 통해 하나님의 백성을 기르고 깨우치고 신앙을 양육시킨다는 점은 교육과의 연계성을 더 깊이 나타내 준다. 설교의 교육적 기능으로서 더욱 중요한 것은 설교는 인간의 신앙적 물음에 대한 하나님의 대답으로 이해될 수 있으며, 이것은 바로 물음과 대답의 교수학적 관계를 뜻하는 것이다.

동시에 예배하는 회중의 체험 속에는 교육이 있는데, 누구를 막론하고 사람들은 이런 체험을 통해서 변화를 받게 된다. 예배의 교육적 기능은 말씀의 가르침인 설교에서만 나타나는 것이 아니라 예배를 구성하는 모든 순서들과 관련된다는 사실이다. 예배에서의 체험은 다양하다. 자신의 믿음을 입으로 고백하는 일을 통해서 믿음의 내용을 확인하고 자신의 것으로 체득화 하는 기회를 갖게 된다. 공적인 죄의 고백과 개인을 되돌아봄을 통하여 자신의 죄와 부족을 느끼고 회개함을 통하여 성화를 향한 걸음을 걷게 된다. 찬송의 가사는 곧바로 나의 신앙고백과 연결되며, 내 안에서 영광 받으시는 하나님을 체험하게 한다. 잘 준비된 공적인 기도는 내가 무슨 기도를 해야 할 것인지를 보여 주며 내 삶에 동기를 부여한다. 말씀을 듣고 찬양하면서 나의 진실한 마음들이 기도로 표현된다. 작은 헌물을 드림으로 나 자신을 주께 드리기를 소원하게 되고, 결단으로 드려지는 희생은 내가 하나님의 백성이며 주님의 제자임을 체험하게 한다. 성찬과 교제를 통해서 얻어지는 공동의 예배체험과 예배의 전반을 지배하는 영적인 분위기는 하나님의 자녀 됨과 형제 됨을 인식하게 해 준다. 뒤에서 논의할 예전 역시 하나님의 말씀에 근거하여 이루어질 때 신앙을 형성하는 능력이 있음은 자명한 일이다.

양금희는 예배의 형성적 힘을 다음과 같이 몇 가지로 이야기한다.[21] 첫째, 예배에서 어린이는 하나님과의 관계를 형성한다. 둘째, 예배는 어린이에게 기독교의 전통과 만나게 한다. 셋째, 예배는 어린이를 공동체와 연결시킨다. 넷째, 예배는 공동체를 세운다. 다섯째, 예배는 행동을 변화시킨다. 여섯째, 예배는 정서적인 움직임을 일어나게 한다.

예배의 교육적 힘, 예배의 형성적 힘을 강조하는 것은 단순히 예배가 교육의 수단이라는 말은 아니다. 예배는 그 이상임을 놓쳐서는 안 된다. "예배자의 신체적 성장발달에 따른 구분으로… 예배를 그룹화하여 드리는 것은 교육적인 효과가 분명히 있지만 예배가 교육적 차원으로만 설명할 수 없는 그 이상의 것들을 포함하고 있다는 것을 간과해서는 안 된다. 교육부서의 예배가 성숙한 그리스도인을 목표로 교육적인 준비와 훈련을 하는 것은 예배의 부차적 효과다. 그리스도인의 예배는 하나님 백성되기 위한 교육과 훈련이기 이전에 하나님의 백성들이 함께 하는 공동체 행위이다."[22]

예배와 어린이

분리된 예배로서의 어린이 예배는 주로 주일학교운동이 큰 요인으로 작용한 것으로 보인다. 따라서 예배와 어린이와의 관련을 보기 위해서는 주일학교운동 이전과 이후를 나누어서 살피는 것이 합당해 보인다.

주일학교운동 이전

구약에서 어린이는 모든 종교적 행사에 포함되어 있었다. 모든 절기나 의식의 수행에서 어린이는 중요한 관심의 대상이 되었다. 물론 가정이 신앙교육의 주된 현장이었으나, 함께 모이는 종교적 집회나 예배에 어린이는 언제나 포함되어 있었다.[23]

고대교회(1-3세기)에서 어린이들은 예배에 함께 참여하였다. 조금 자란 어린이들을 위해서는 그들의 자리가 마련되기도 하였으며, 어린이들은 시편 기도문이나 시편을 찬송하는 임무를 맡았다.[24] 그 후 유아세례가 보편화되면서 예배에 참석하는 수가 증가하였으며 이에 따라 어린이의 예배에서의 기능도 커지게 되었다. 여러 가지 보고에 의하면 4세기 말에 어린이들은 저녁예배에서 '키리에 엘레이손(Kyrie Eleison)'을 불렀고, 종려주일, 성목요일, 혹은 성금요일의 행진에도 참여하였다. 아마도 사람들은 순진무구한 어린이들의 기도와 찬송을 하나님이 기뻐하시기 때문에 그의 자비하심을 이끌어 낼 수 있다고

생각한 것 같다.[25]

4세기 이후로 어린이들은 성무일과의 낭독자(Lektor)로 나타나게 된다. 이 일을 맡은 어린이들은 교회의 지도 아래서 특별한 공동체를 이루면서 생활하였는데, 이 공동체는 높은 단계의 영적인 직분을 위한 양성소의 역할을 하였다.[26] 이런 모임으로부터 노래하는 소년과 낭독자의 양성을 위한 음악학교(Schola cantorum)가 세워지게 된다. 546년에 유스티니안 법령(Dekret Justinians)은 낭독자의 나이를 5-8세로 규정하였다. 이 직분은 점차로 아이들(청소년)에게만 제한되었으며, 이들로부터 어린이 성가대가 생겨났다.[27] 그 후 16세기까지 학교와 교회의 사역은 서로 연결되어 있었으며, 수도원학교, 성당학교, 성직자학교 등의 가장 본질적인 목표는 예전교육이었다.[28]

이와 같이 어린이는 예배에 함께 참여하였으며, 특히 어린이들에게는 예배에서의 특별한 역할을 부여하기도 하였다. 그러나 중세에 이르는 동안 교회는 어린이의 신앙교육을 위한 특별한 조치를 취하지 않았다. 교회는 어린이들이 예전적으로 참여할 수 있는 길들을 열어주었으나 성인 중심의 신비화, 마술화, 복잡화된 예배(미사)와 "중세기에 일방적으로 성인들에게 초점을 맞추었던 교리학은 예배에서 어린이들을 배제시켰다."[29] 13세기경부터 '어린이 설교'와 연관된 문헌들이 더러 나타나기도 하고,[30] 16세기 이후로 이태리에서는 어린이를 위한 예배와 유사한 모임이 시행되었다고는 하나 '어린이 예배'와의 직접적인 연결점은 보이지 않는다.[31]

그 후 종교개혁을 통해서 개신교에서는 말씀중심의 예배가 회복되었으며 교리교육에 대한 관심이 고조되었다. 또한 칼빈의 교리를 따르는 개혁파 교회는 '어린이와 함께 드리는 예배'를 고수하였으며, 이런 예배는 현재에도 화란을 중심으로 미국, 호주, 캐나다 등의 개혁교회에서 실천되고 있다.

주일학교운동 이후

일반 회중과 분리된 어린이 예배의 활성화는 주일학교운동으로 인한 것이라 할 수 있다. 레이크스(Robert Raikes)가 영국에서 1780년에 시작한 주일학교는 주로 3R을 가르치는 일에 착안하였으나, 예배 시간이 되면 어린이들을 교회로 인도하여 예배를 드리게 하였고, 수업 중에는 성경, 교리문답, 찬송을 가르치기도 하였다. 이렇게 보면 영국식 주일학교에는 따로 드리는 어린이 예배의 개념이 없었다.[32] 그러나 미국으로 건너간 주일학교가 교회에서 어린이 신앙교육을 위한 대안으로 받아들여지면서 따로 드리는 어린이 예배가 활성화되기 시작하였다. 이를 통하여 미국에서는 따로 드리는 어린이 예배가 정착되었으며, 미국으로부터 전래된 주일학교를 도입한 우리나라는 이런 전통을 따르고 있다.

그러면 개신교 내에서 주일학교운동을 어린이의 예배와 관련하여 어떻게 평가할 수 있을까? 주일학교운동은 어린이의 분리된 예배를 정착시키는 역할을 하였기 때문에, 일부 개혁교회를 제외하고는 회중이 함께 드리는 예배를 포기하게 했다는 점에서 부정적인 평가를 받을 가능성이 있다. 종교개혁은 모국어로 말씀을 읽고, 모국어로 예배드릴 수 있는 길을 열어주어 예배를 통한 교육적 효과를 강화하였다. 어린이의 경우도 교회는 이전보다 훨씬 더 교리교육에 주력하여 따로 독립된 교육시간을 제공받게 되었다. 이에 더하여 미국식 주일학교운동은 어린이에게 적합한 형태의 예배를 제공함으로 이전 보다는 현저하게 어린이들의 예배 참여의 길을 열어주어 선교적인 역할을 감당하였다. 우리나라의 경우는 성년이 되어 교회를 멀리한 사람 중에도 어린 시절의 예배 참석 경험이 그를 다시 교회로 돌아오게 하는 계기가 되기도 한다. 전반적으로 어린이의 예배 참여에 대한 상세한 자료를 문헌적으로 확인할 수는 없으나, 가톨릭이 지배하던 중세시대를 차치하고, 종교개혁 이후에도 특별한 경우를 제외하고는 어린이의 예배 참여는 그렇게 활성화 되었다고 보기 힘들 것이다. 이런 의미에서 볼 때 주일학교운동은 교회에서의 어린이에 대한 관심을 고조하고, 어린이의 예배 참여를 동력화 시킨 요인이 되었다고 볼 수 있을 것이다. 가톨릭교회 역시 최근에는 거의 모든 교회들이 어린이 미사, 중고등부 미사, 청년 미사 등을 실시하고 있다.[33]

참고(Exkurs) : 독일에서의 어린이 예배

여기서 독일에서의 어린이 예배를 따로 다루는 이유는 '종교개혁 이후', '영국식 주일학교의 선구자', '영국식 주일학교의 도입', '미국식 주일학교의 도입' 등의 다양한 관련 주제를 함께 볼 수 있기 때문이다.

종교개혁 이후

종교개혁이 진행되면서 교회에는 '어린이 예배'와 유사한 특별한 모임들이 시작되었다. 그것은 주일날 교회에서 실시되는 '어린이를 위한 수업'(Kinderlehre)으로 교리교육적인 특징이 강하였으며, 부분적으로는 어린이설교를 포함하였다. 루터의 제자인 디트리히(Veit Dietrich)는 뉘른베르크(Nürnberg)에서 이런 종류의 어린이설교를 한 것으로 전해진다. 또 다른 여러 지역에서는 예배와 수업의 중간 정도의 성격을 가진 모임이 진행되었다. 그러나 기본 방향은 교리교육적인 성격이 강하였다. 시간이 흐름에 따라서 교회는 어린이들을 위한 교리수업의 특별한 시간을 할애하여 '어린이를 위한 수업'을 보편화시켰고, 자라는 세대들을 위해 교리설교(Katechismuspredigt)를 수행하였다.[34] 칼빈 역시 제네바 교회에서 어린이를 위한 교리수업을 개설하고 부모들로 하여금 자녀들을 데리고 오도록 하였다.[35]

1868년에 슐레지엔(Schlesien) 지역에서는 '어린이를 위한 수업'이 명백하게 어린이 예배와 연결되고, 예전적으로 발전된 좋은 예를 보여준다. 물론 이 시기는 미국식 주일학교가 독일에 도입되는 시기와 그 맥을 같이 하기는 하지만, 독일 교회 내에서의 어린이를 위한 교리수업이 점진적으로 어린이 예배와 연결되고 있음을 보여주는 것이다.[36]

이후로 계속하여 개신교회에서는 어린이에 대한 관심이 커지고, 그들을 위한 프로그램들도 많아지게 되었는데, 예를 들면, 진젠도르프(Zinzendorf)가 세운 헤른후터(Herrnhuter)의 '어린이의 시간'(Kinderstunde)과 같은 예를 들 수 있을 것이다.[37]

주일학교의 선구자

독일에 본격적으로 영국식 주일학교가 전래되기 전에 이미 영국식 주일학교의 선구자의 모습을 보여주는 사례들이 있다. 1767년에 오버린(Friedrich Oberlin: 1740-1826)이 알자스(Elsaß)와 로렌(Lothringen)의 경계지역에 있는 슈타인탈(Steintal)에 왔는데, 그곳은 산악지대이고 주로 농업을 하는 지역으로 주민들은 매우 가난하였다. 오버린 목사는 자신의 교구에서 한편으로는 주민들의 경제적인 측면과 기초적인 삶의 변화에 관심을 가졌으며 또 다른 한편으로는 인간의 도야에 노력을 기울였다. 1770년부터 그는 주일에 어린이들을 모으고 평신도를 통해서 어린이들에게 성경이야기를 가르쳤다. 그리고 그는 '기독교 소아학교'(Christliche Kleinkinderschule)를 시작하여 50년 후에 나타날 유치원의 모습을 미리 보여주었다.[38]

주일학교(Sonntagsschule)라는 동일한 이름을 가진 주일학교가 독일의 뷔르템베르크(Württemberg), 바덴(Baden), 그리고 바이에른(Bayern)에서 시행되었는데, 이것은 어린이들이 학교에서 배운 것을 반복하고 발전시키는 것을 목적으로 하였다. 1739년의 규정을 보면 주일학교는 학교에서 배운 것을 잊어버리지 않게 하고, 또한 주일이나 휴일을 게으르거나 나쁜 일로 보내지 않게 하는 것임을 밝히고 있다. 가르치는 내용을 보면 전반부에는 성경이나 선택된 요절의 암송 등, 종교적인 주제들을 취급하였고, 후반부에서는 세속적인 학습내용으로, 역사, 지리, 상용편지나 서식, 산수 등을 가르쳤다. 괄목할 만한 사실은 기도와 찬송 같은 예전적인 틀도 수용하고 있다는 사실이다.[39]

영국식 주일학교의 영향

우리가 잘 아는 바와 같이 영국식 주일학교는 교회 밖에서 시작되었으며, 그 성격은 사회봉사적이며 기초교육적이었고 자선학교의 성격이 강하였다.

독일에서는 일시적이기는 해도 영국 주일학교의 모델을 따른 유사한 움직임들이 있었다. 이 학교는 1790년에 함부르크(Hamburg)에서 시작되었는데, 이 학교는 일하는 어린이에 대한 기초교육과 어린이들이 주일을 거룩하게 지키게 하는 일을 가능하게 하였다.[40] 또한 다른 형태의 주일학교가 있었는데, 주간에 야간학교에서 배운 종교수업의 내용을 반복하고, 읽기와 쓰기교육을 하는 구조였다. 이런 식의 주일학교는 독일에서 1811년에 세워졌다.[41]

훗날 독일 최초의 침례교회를 세운 옹켄(Johann Georg Oncken)은 영국에 머무르는 동안 무의탁 아동들에 대한 주일학교의 긍정적인 영향력을 알게 되었다. 그는 함부르크에서 루터교 목사인 라우텐베르크(Johann Wilhelm Rautenberg)와 함께 1825년에 그 후 지속적으로 존재한 독일 최초의 주일학교를 세웠다. 주일학교연맹의 규정을 보면 이 학교의 면모를 볼 수 있다. 이 학교는 6살 이상의 남녀 어린이들을 받았고, 수업은 읽기와 쓰기에 제한되었다. 종교수업을 위해서는 성경, 교리문답, 그리고 찬송가를 사용하였다. 매 주일마다 2-3시간씩 가르치는 시간을 갖고, 어린이들이 공예배에 참석하는 시간에는 수업을 중지하였다. 1832년 옹켄은 침례교로 개종한 후 주일학교의 책임자직을 내려놓았고, 비허른(Johann Hinrich Wichern)이 주일학교의 책임교사직을 맡게 되었는데, 그의 지도 아래서 주일학교는 전성기를 이루었다.[42]

그 후 계속하여 브레멘(Bremen), 베를린(Berlin), 에를랑겐(Erlangen), 엘베르펠트(Elberfeld) 등에 주일학교가 세워졌다. 그러나 이러한 시도들은 시간적으로나 공간적으로나 제한적이었다. 영국식 개념의 강한 영향 아래서 세워진 주일학교는 독일에서는 그렇게 오래 지속되지는 못했다. 이 후에 주일학교에 참여하는 사람들에 의해서 '어린이를 위한 예배'라는 관점에서 주일학교의 성격을 바꾸려는 생각들이 떠오르기 시작하였다. 1838년에 비허른의 친구인 바우어(Johann Hartwig Bauer)는 함부르크에서 처음으로 '어린이 교회'(Kinderkirche)라는 말을 사용하였다. 또한 1847년에 글라이쓰(Eduard Gleiß)는 '어린이 예배'(Kindergottesdienst)라는 말을 사용한다. 1855년에 함부르크에 존재하던 주일학교는 어린이 예배로 바꾸었으나, 그 몰락을 제어할 수는 없었다.[43]

미국식 주일학교의 도입

이제 독일에도 미국식 주일학교가 도입된다. 영국에서 미국으로 건너간 주일학교는 그 성격을 달리하면서 교회내의 선교적 신앙교육적 성격을 갖게 된다. 미국은 때마침 정교분리 원칙에 따라 학교에서 신앙교육을 담당할 수 없게 되었고 교회가 성장하는 세대의 신앙교육에 대한 책임을 지게 되었는데, 어떤 대안이 없던 차에 유럽에서 강한 영향력을 가지고 전개되고 있는 주일학교를 교회가 도입한 것이다.

미국식 주일학교가 독일에서 효과를 거둘 수 있게 된 이유는 두 가지로 볼 수 있다. 첫째, 주일학교가 영국식의 사회봉사적 성격보다 어린이와 청소년에게 성경을 집중적으로 가르침으로써 교회의 일꾼으로 자라나게 하는 선교적, 신앙교육적 성격을 가짐으로 교회가 쉽게 수용할 수 있었다. 둘째, 당시 유럽과 미국에서 강하게 전개되었던 각성운동의 결과로 소위 평신도들의 잠재력을 교회활동에서 꽃 피울 수 있는 좋은 기회를 제공하였다는 점에서 평신도 중심 운동으로 빠르게 전개될 수 있었다.[44]

    이 일을 위해서 미국 상인 우드루프(Albert Woodruff)와 그의 통역자인 독일인 부뤼켈만(Wilhelm Bröcklmann)이 큰 역할을 하였다. 이 결과 1865년에는 슈투트가르트(Stuttgart)에서 주일학교가 시작되었고 다른 곳에서 이어졌다. 1869년 슈투트가르트에서 열린 교회회의(Kirchentag)는 주일학교의 명칭을 어린이 예배(Kindergottesdienst)로 부를 것을 요청하였다. 그 이후 1882년에 열린 주일학교대회(Sonntagsschulkongress)는 최종적으로 '어린이 예배'로 이름을 확정하였다. 이로 인해서 어린이 예배는 교회사역의 확고한 구성부분으로 자리를 잡게 되었다.[45] 주일학교가 어린이 예배로 이름을 바꾸게 된 것은 독일의 특이한 종교교육제도에 기인한 것으로 보인다. 독일의 교회는 이미 목사와 기독교교육전문가에 의해서 체계적으로 이루어지는 종교수업(Religionsunterricht) 제도를 공립학교 안에서 가지고 있기 때문에, 교회에서는 성경교육보다는 예배에 더욱 중점을 두게 되었다는 점을 들 수 있고, 또한 예배의 특성을 강조함으로서 공적인 교회의 주도하에서 이 일을 전개하려고 하는 의도가 담겨있다고 볼 수 있다.[46]

어린이 예배에 대한 논의들

    독일에서의 어린이 예배의 논의는 그 태생 상 단순히 '어린이들의 예배'만을 의미하기 보다는 주일학교 형식을 포함하는 폭넓은 개념으로 사용되고 있음을 감안할 필요가 있다.

어린이 예배의 형식은 일반적으로 목사가 이끄는 예배와 이어서 진행되는 그룹별 성경공부의 형태로 전개되고 있으나, 여기에 더하여 다양한 모임과 프로그램이 전개되고 있으며, 어린이 예배의 모이는 시간도 주일이 아닌 토요일에 행해지는 경우도 있다. 어린이 예배에 대한 참여자의 감소 등과 같은 여러 가지 문제들이 활발한 논의의 대상이 되고 있으며, 어린이 예배의 개념과 접근 방법에 대한 논의는 오늘까지도 전개되고 있다. 예를 들면, 아담(Ingrid Adam)의 사회적심리치료 접근(Sozialtherapeutischer Aspekt), 스톨츠만(Klaus Stolzmann)의 주제-문제지향적 개념(Thematisch-problemorientiertes Konzept), 롱가르트(Wolfgang Longardt)의 리센 어린이 예배 모델(Rissener Kindergottesdienstmodelle), 그리고 어린이 예배를 위한 주제지향적 계획(Themenorientierter Plan für den Kindergottesdienst) 등이다.[47]

어린이 예배에 대한 많은 관련 연구들이 있으나, 예배에 지속적인 관심을 가진 학자로 그레틀라인(Christian Grethlein)을 들 수 있다.[48] 그는 어린이 예배에 대한 두 접근을 보는데, 하나는 어린이 예배는 그 목적이 성인예배에 어린이들을 적응시키는 것이라는 접근이며, 다른 하나는 그 후에 전개된 사회교육적 혹은 사회심리학적 이해에 기초한 교육적인 어린이 예배의 이해이다. 그는 결국 이 두 가지 접근이 조화를 이루어야 할 것을 말한다. 물론 어린이 예배에 대한 다양한 접근들과 제안들이 있으나, 특별히 그의 강점은 어린이 예배에 대한 개념화로, 그것은 어린이 예배도 예배이기에 예배의 기본 이념을 기초로 어린이의 특성에 알맞은 어린이 예배를 지향하는 것이다. 그는 어린이 예배를 다음과 같이 정의한다.

> 근본적으로 예배는 성경적이고 교회적인 유산들을 매개로한 모든 사람을 위한 열린, 예전화된, 명백하게(그리고 이를 통하여 의미 있게 인식되는) 수행되는 하나님과 세례 받은 사람 사이에서의 의사소통의 사건(Kommunikationsgeschehen)으로 이를 통해 매일의 삶의 깊이가 드러나게 되는 것이다. 따라서 어린이 예배는 모든 사람(모든 연령)을 위한 기본적인 개방성에 근거하여, 특별히 어린이들에 의해서 수행되는 의사소통의 사건인 것이다.[49]

그는 예배를 하나님과 그의 백성 사이의 의사소통의 사건으로 보며, 예배의 삶과의 관련성을 강조한다. 예배는 모든 사람에게 열려 있으며, 또한 예전임을 강조한다.

또한 니프코(N. E. Nipkow)의 어린이 예배에 대한 연구는 매우 전문적이고 세밀하다. 그는 어린이 예배의 다차원성(Mehrdimensionalität)을 강조하면서 일종의 통합적 접근을 제시하였다. 그는 대표적인 책(Bildung als Lebensbegleitung und Erneuerung)에서 어린이 예배와 관련한 다섯 가지 명제를 제시하였다. 그것은 '초대하는 교회'의 선교적 차원, 동적인 교회(다원적) 속에서의 어린이 예배와 성인예배의 새로운 길 모색, 어린이의 질문과 의심을 진지하게 받아들이는 공동체의 체험, 어린이를 정당하게 취급하는 교회, 학습공동체와 위로공동체로서의 교회이다.[50] 니프코는 어린이 예배의 다차원적 접합점을 다음과 같이 제시하는데, 봉사적 차원(영국에서의 주일학교운동과 관련), 교회선교적 차원(미국의 주일학교운동과 독일의 각성운동), 교육적-교리교수적 차원(앞의 두 가지 뿌리로부터), 예전적 차원(예배의 성격으로부터의 발전)이다.[51]

예배와 예전

예전의 의미

예전(liturgy)은 원래 '사람'과 '일'이라는 두 세속적 용어가 합성된 것으로 그 어원상 '공동체의 유익을 위해 수행되는 개인의 특정 행위'를 의미하는 것이었으나 점차 그 용법이 종교적 영역의 공식적 행위를 지칭하는 의미로 전환되었다. 이 결과 예전은 개인적 차원의 기도나 자발적인 헌신행위와는 분명히 구분되는 교회의 공식적 의식(ritual)이나 예식(ceremonial)을 포괄하는 용어가 되었다. 넓은 의미로 예전은 교회의 공적인 예배를 지칭하기도 하나, 좁은 의미로는 예배의 특정한 형태나 순서를 의미한다.[52] 예전의 구성요소는 순서(order), 의식(ritual), 그리고 예식(ceremonial) 등이다. 순서는 예전의 전체적 양식을 규정하는 구조적인 틀로 예전의 형태를 결정하는 기본요소이다. 의식이란 소리(음성이나 음악)로 구성되는 예배의 형태를, 예식은 예배 중에 행해지는 모든 비언어적인 행동과 사용되는 도구까지를 포괄적으로 지칭하는 용어이다.[53] 다양한 학자들의 견해를 종합해 보면 예전을 구성하는 요소로는 순서, 말(언어), 음악, 움직임, 상징, 장식, 의복, 도구, 시간, 공간 등을 포괄한다.[54]

예전의 교육적 기능

이미 앞에서 예배의 교육적 기능에 대해서 살펴본바 있다. 여기서는 예전의 형성적 기능에 대한 연구들을 검토해 보기로 한다. 기독교교육학자의 입장에서 예전의 기독교교육적 의미를 다룬 연구는 강희천에 의해 이루어졌다. 강희천은 지금까지 연구된 네 가지 모형을 중심으로 예전의 기독교교육적 기능을 정리해 주었는데 그것은 다음과 같다.[55]

첫째, 웨스터호프(John H. Westerhoff, III)의 '신앙공동체-문화화' 모형이다.[56] 웨스터호프의 문화화의 과정은 여러 연령층의 사람들 사이에서 진행되는 상호작용이 중시된다. 여기서는 영향을 주는 자와 받는 자의 구분이 없으며, 대등한 양자 사이의 대화적 관계가 형성된다. 이와 같은 예전의 문화화 모형은 모든 연령층의 사람이 함께 참여하는 경험의 공유가 가장 효과적인 종교교육의 결과로 이어질 수 있음을 말한다.

둘째, 브라우닝(Robert L. Browning)과 리드(Roy A. Leed)의 'Mysterion - Sacramentum' 모형이다.[57] 브라우닝은 웨스터호프가 예전을 지나치게 과거 중심적으로 해석한다고 보면서, 현재 역사하시는 하나님의 활동과 그에 대한 직접적인 경험을 강조한다. 브라우닝은 웨스터호프가 예전이 곧 종교교육이라는 도식을 반대하고 종교교육과 예전 사이의 창조적인 긴장관계를 요청하며, 이들이 서로 보완될 때 종교교육은 무미건조하고 생기 없으며 삶의 의미와 무관함을 벗어나게 되며, 예전은 추상적이며 상징적인 의식에 머물지 않게 된다는 것이다.

셋째, 토마스 그룹(Thomas H. Groome)의 '공유적 실천'(sharing praxis) 모

형이다.[58] 그롬은 예전의 기능을 세 가지로 본다. 첫째는 하나님을 향한 신앙적 표현의 기능, 둘째는 인간을 향한 하나님의 은총 중재의 기능, 셋째는 사회적 실천을 통한 헌신의 기능이다. 그는 이러한 기능을 기초로 5막(movement)의 공유적 실천 접근 단계로 말씀의 예전과 성찬예전을 구성한다.

넷째, 웨일(Louis Weil)의 '통전적' 모형이다.[59] 웨일은 예전의 본문적 요소와 실제적 요소를 보완하는 통전적인 예전예배를 제시함으로 예전의 신앙교육적 기능을 드러내고자 하였다.

이러한 모델의 접근들은 예전과 기독교교육의 긴밀한 관계를 보여 줄 뿐만 아니라, 예전이 가진 교육적 영향력을 극대화하기 위한 방안들로 볼 수 있다.

예전신학의 입장에서는 문화랑에 의한 연구가 있다. 그는 예전의 형성적 힘에 대해 몇 가지로 접근한다.[60]

첫째, 인간의 몸에 대한 긍정이다. 몸은 죄에 노출된 취약한 도구가 아니라 배움과 훈련을 위한 도구라는 사실이다. 믿음이란 단순히 인지에만 의지하는 것이 아니라, 감정과 의지를 포함하며, 믿음은 지성의 문제만이 아니라 몸을 포함하는 전인의 일인 것이다. 예전에의 참여를 통해서 사람의 몸은 학습과 훈련을 위한 도구가 된다. 예전적 행동은 인간의 사고와 이해를 촉진시키고 더욱 더 생생하게 학습하게 한다.

둘째, 행함은 학습과 분리된 것이 아니다. 학습은 단순히 마음과 두뇌의 작용만으로는 이루어질 수 없고, 몸과 마음의 상호작용에 의해서 일어나는 것이다. 몸의 실천은 인지, 감각, 의식, 전의식을 결합하고 이런 것들에 영향을 줌으로, 학습자에게 의미와 지혜를 제공하는 것이다. 이 결과 인지적 지식과 다른 차원의 의식적 지식(ritual knowledge)이 가능한 것이다. 그러므로 바른 행함(실천)은 사람들을 바른 믿음으로 인도하며 형성적인 힘을 가진다.

셋째, 예전이 신앙형성에 미치는 영향은 세 단계로 설명될 수 있다. (1)반복을 통한 실천적 이해(practical comprehension)의 성장, (2)정체성의 형성, (3)변화의 요구이다.

여기서 몇 마디를 덧붙이고자 한다.

첫째, 전통적으로 장로교회와 개혁주의 교회들은 교회교육에서 인간 이성의 역할과 교리교육을 강조해 온 것이 사실이다. 물론 신앙형성에서 지성과 인식 능력은 아주 중요하다. 그러나 예전이 주는 교육적 영향력에 대해서는 간과해온 면이 많다. 개혁교회는 예전에 대해서 부정적인 생각을 많이 가지고 있었다. 이것은 예전의 형성적 기능에 대한 잘못된 생각에서 기인한 것으로 보인다. 말씀을 강조하다 보니 상대적으로 이런 결과가 나오게 되었다고 말할 수 있을 것이다.[61]

둘째, 예전의 회복이 요청된다는 것은 자명한 일이다. 그러나 예전이 신앙의 형성을 보장해 주는 것은 아니다. 또한 중세의 미사와 같은 화려하고 신비적이며 마술적인 예전은 의미 없는 일이며, 오히려 신앙의 성장에 역기능적 영향을 줄 수도 있다. 기초적인 것에 속하는 것이기는 하지만 예전은 말씀의 원리에 기초해야 한다. 또한 믿음은 하나님의 선물이며 성령님의 역사라는 사실은 예전을 논의하는 일에서 놓쳐서는 안 되는 것이다.

끝으로, 몸의 움직임은 내적인 의미의 표현이기도 하지만, 역으로 몸의 움직임이 내적 의미를 형성하기도 한다.[62] 예전이 갖는 의미형성의 힘을 새롭게 발견하는 노력이 있어야 한다.

세대통합예배

개념의 정의

어린이를 포함한 전 회중이 함께 드리는 예배에 대한 다양한 표현들이 있다. 영어 표현으로는 주로 intergenerational worship 혹은 corporate worship이 사용된다. 이와 관련된 우리말 표현으로는 (어린이와) 함께 드리는 예배, 전교인예배, 통합예배, 세대포괄적 예배, 가족예배, 공동예배[63] 등이 있는데, 두 가지 영어 표현을 감안하면서, 몇몇 학자들의 공통된 표현들을 고려하여 '세대통합예배'라 부르는 것이 좋을 것 같다.

세대통합예배의 근거

세대통합예배의 근거와 실천, 참관보고와 관련된 글은 각주와 같다.[64] 우선 여기서는 세대통합예배의 성경적, 신학적 근거를 간단히 논의하고자 한다.

첫째, 우선 성경은 다양한 곳에서 하나님의 언약이 당사자만이 아니라 후손들과의 것임을 천명하고 있다. 구약에 나타난 각종 회집(공동체의 예배와 금식)에 어린이가 예외 없이 포함됨을 볼 수 있다. 또한 온 가족이 함께 하나님 앞에 서 있는 모습은 신약성경에서도 잘 나타나고 있다. 빌립보에서 루디아의 온 가족이 세례를 받는 모습(행 16:15), 빌립보 감옥의 간수의 온 가족이 함께 세례를 받는 장면(행 16:33) 등이다. 예수님께서도 다음과 같이 말씀하셨다. "예수께서 이르시되 그렇다 어린 아기와 젖먹이들의 입에서 나오는 찬미를 온전하게 하셨나이다 함을 너희가 읽어 본 일이 없느냐 하시고"(마 21:16) "그 때에 사람들이 예수께서 안수하고 기도해 주심을 바라고 어린 아이들을 데리고 오매 제자들이 꾸짖거늘 예수께서 이르시되 어린 아이들을 용납하고 내게 오는 것을 금하지 말라 천국이 이런 사람의 것이니라 하시고 그들에게 안수하시고 거기를 떠나시니라"(마 19:13-15).

둘째, 세대통합예배를 위한 예배학적 근거는 예배의 공동체적 성격에서 찾을 수 있다. 이미 우리는 앞에서 언약공동체의 예배가 개혁교회의 기본 이념이 되고 있음을 밝힌바 있다.[65]

세대통합예배에서 어린이의 기여

여기서는 예배에 어린이를 포함함으로 얻게 되는 유익에 대해서 살펴보고자 한다.

첫째, 아마도 가장 중요한 세대통합예배의 가치는 언약 공동체의 모습을 구현하는 최선의 방책이라는 사실에 있을 것이다. 앞에서 이미 개혁교회의 예배의 특징이 언약적 예배이며, 이 예배는 모든 세대를 포괄한다는 사실을 강조하였다. 하나님은 인간과 언약을 맺으실 필요가 없는 분이다. 하나님께서 인간과 언약을 맺으시고 스스로를 그 언약에 얽매는 것은 그 자체가 하나님의 '겸허의 양식'이며 성육신적인 행동이다. 하나님은 우리가 올려드리는 예배를 드리기 이전에 이미 우리에게 내려오시고 자신을 주셨다. 이를 알기에 언약의 예배는 더욱 감사와 기쁨으로 넘치는 것이다. 하나님께서는 자기 백성과 그 후손과 함께 공동체적인 언약을 맺으셨기에, 우리는 예배에서 이 사실을 함께 확인하며 축하하는 것이다. 이런 의미에서 예배에 함께 참여하는 어린이는 하나님이 공동체에 주신 선물이 된다.[66] 그러므로 "어린이를 포함하는 전 회중이 함께하는 예배는 하나님의 백성으로서의 우리의 정체성을 강화하는 행위이다."[67]

둘째, 다양한 세대가 함께 예배에 참여하는 일은 각 세대의 독특성과 행동과 사고와 삶의 스타일이 함께 표출됨으로 모든 세대들이 순례자의 삶인 인생의 여정을 반추해 볼 수 있는 기회가 된다. 성인들은 자신들이 걸어온 시절을 회고한다. 청소년시절의 미숙함과 어린 시절의 천진함을 기억하며 살아온 날들 가운데 하나님이 베푸신 은혜를 회고한다. 젊은이들은 노년과 함께하며 내가 이르게 될 그 날들을 생각하며 준비한다. 세대통합예배의 가능성은 어린이부터 노년에 이르는 인간의 전 생애의 여정을 반영함으로써 천국까지 이르는 순례자적 신앙을 담아낼 수 있다는 데 있다.[68] 각 세대는 각각 강점을 가지고 있으나 동시에 유약함이 동반되는 것이다. 남녀가 그렇게 보완해야 하듯이 각 세대는 서로를 필요로 하는 것이다. 어린이만이 유약한 존재가 아니라 각 세대는 각각의 유약함을 지니고 있다.

셋째, 세대통합예배는 신앙공동체 안에서 새롭고도 실제적인 우정을 경험하게 해 준다. 진정한 우정이란 자신의 요구를 충족시키는 것이 아니라, 함께 나눔과 함께 있음 그 자체에서 누리는 기쁨을 말한다. 그것은 연약한 인간과 친밀한 우정을 나누시는 하나님의 모습의 반영이며 또한 예수님께서 친히 보여주신 일이다. 그러므로 교회공동체가 특히 예배 공동체가 약한 자와 어린이들과 함께 하는 것은 그 자체가 하나님의 임재하심을 보여주는 일이 된다. 이런 의미에서 어린이와 함께하는 일은 예배 공동체에 주신 하나님의 선물이 된다.[69]

넷째, 어린이들은 성인들의 종교적 감성과 상상력을 자극한다. 어린이들이 회중에게 주는 선물은 성인들의 이성적인 사고를 중지할 수 있는 계기를 만들어 준다는 것이다. 물론 어린이로 인해서 설교를 듣는 일에 어려움을 호소하는 성인들이 있을 수 있으나, 더 많은 사람들은 어린이를 즐거워하고 그들에게서 생명과 소망의 징표를 읽을 수 있게 된다. 회중은 어린이로부터 신앙의 공동체는 하나의 길만이 아닌 다양한 방법으로 예배에 참여하고 배우고 의미를 창출해 나간다는 것을 깨닫게 된다.[70]

다섯째, 어린이는 신앙의 본질에 대해서 더 많은 통찰력을 제공한다. 어린이의 신앙은 매우 미숙하고 초보적인 것으로 보인다. 그러나 어린이들이 우리에게 주는 좋은 소식은 '믿음이란 실제로 하나님의 선물'이라는 사실이다. 우리는 지식을 비롯한 여러 시도들을 통하여 우리의 믿음을 넓혀나가지만 어린이들의 단순한 신뢰는 신앙의 참된 본성이 무엇인지를 분명하게 해 준다.[71]

여섯째, 어린이는 그들의 몸의 움직임과 에너지로 예배한다. 따라서 어린이의 예배 참여는 성인들로 하여금 그들의 예배 역시 완전한 신체적인 경험이라는 것을 일깨워줄 가능성을 갖는다.[72] 어린이들이 움직임에서 얻는 기쁨을 보면서 성인들도 예배를 그들의 몸을 포함한 '전체적인 자기'로 드려야 한다는 것을 느낄 수 있을 것이다.

일곱째, 어린이를 예배에 포함하는 일에 대한 성인들의 반응은 다음과 같이 부정적일 수 있다. '시끄럽고 소란스럽다.' '예배에 집중이 안 된다.' '예배의 수준이 떨어진다.' 그러나 어린이의 참여는 어른들에게 선물이 될 수 있다. 단지 조용한 예배, 소위 경건한 분위기의 예배가 아니라할지라도, 조금은 소란스럽고 조금은 불편한 가운데서도 예배자들은 더 많을 것을 배울 가능성이 존재하는 것이다. 김세광은 다소 역설적인 표현을 한다. "세대통합예배의 가능성은 역설적이게도 그 예배의 소란스러움, 갈등, 불편함, 번거로움으로부터 온다. 인간의 삶 자체가 불안정, 갈등, 불편으로 되어 있는데, 그리스도인의 삶은 영적으로는 세상과의 전투라고 할 정도로 긴장되고 갈등과 위협으로 가득 차 있다. 소란스럽고 어지러운 이 예배에서 모든 예배자들은 질서와 안정, 타협과 양보, 수용, 참음의 진리를 배울 수 있다. 세대 간의 차이, 인종, 성별, 사회계층의 차이와 갈등의 경험을 예배에서 승화시킬 때 오히려 신적 성품에 이르는 지름길이 될 수 있음을 기대하는 것이다. 믿음, 소망, 사랑은 편리함이나 형통함이나 자유의 환경 보다는 불편함이나 환란이나 갈등에서 빛을 발한다. 균형 있고 인격적이며

속 깊은 성숙한 예배자는 갈등의 경험 속에서 길러 질 수 있다."[73] 더 조용한 시간에의 갈구는 다른 (영성)프로그램을 통해서 얼마든지 가능할 수 있다. 다소 불편해도 예배를 통한 공동체의 정체성 회복과 그 안에서의 경험은 무엇보다도 소중한 자산이 될 것이다. 더 이상 어린이는 '소모의 세대'가 아니라 '기여할 것이 있는 소중한 세대'임을 일깨워 줄 것이다.

끝으로, 예배에 어린이를 포함하려는 노력은 예기치 않게 예배를 새롭게 하고 개선해 나가는 일에 효과적인 기여를 할 것이다. 예배를 생명력 있게 하려는 예배 개혁의 노력은 어린이의 예배 참여를 통하여 더욱 탄력을 받을 수 있다.[74]

세대통합예배의 실천

세대통합예배의 실천을 위해서는 다음 몇 가지 사항을 고려해야 한다.

첫째, 무엇보다도 담임목사의 의식을 바꾸는 일이 선행되어야 한다. 그래야 담임 목사는 세대통합예배에 대한 당위성을 성도들에게 충분히 가르칠 수 있다. 또한 교회의 지도자 그룹이 먼저 동의할 수 있어야 한다.

둘째, 앞에서 언급한 바와 같이 성인들의 어린이 참여에 대한 반응들은 부정적이다. 지도자들은 이런 생각들을 수렴하고 설득하는 일이 중요하다. 이미 제시한 세대통합예배의 유익을 부각시키는 것이 중요하다.

셋째, 중학생 이상의 경우는 가급적 (성인)예배에 참석하도록 하는 것이 좋다. 물론 부서별 프로그램은 따로 얼마든지 가능하다.

넷째, 부분적이나 병행적 시도로 시작할 수 있다. 세대통합예배는 적어도 한 두 해의 점진적인 준비기간 혹은 실험기간을 거치면서 실시하는 것이 유익할 것이다. 물론 교회마다 상황이 다르므로 개 교회의 형편에 알맞은 세대통합예배를 구상할 수 있을 것이다. 현유광은 3단계로 나누어 접근한다.[75] 첫 단계는 성탄절, 부활절, 성령강림절과 같은 주일을 활용하여 연합예배를 시행하는 것이다. 둘째 단계는 오후 예배시간에 자원하는 가정들을 중심으로 자녀들을 예배에 참석시키는 것이다. 이때에도 비교적 훈련이 잘 된 어린이들을 가진 가정부터 참여하고 점차로 확대해 나가는 것이다. 셋째 단계는 오전 예배를 세대통합예배로 드리는 것이다.

다섯째, 세대통합예배의 전 단계로 어린이 예배에 부모와 성인들이 함께 참여하는 형식이 가능하다.

여섯째, 세대통합예배의 형태로 처음부터 끝까지 어린이들과 함께 드리는 예배가 이상적이지만, 성경봉독 전에 어린이들이 다른 장소로 가서 다른 사역자를 통해서 눈높이에 맞는 설교를 듣고 예배를 진행할 수도 있다. 또 다른 경우는 성인들을 대상으로 설교를 하기 전에 설교자가 어린이들을 설교자 가까이로 불러 모으고 어린이들을 위한 설교를 한 후에 다른 장소로 옮기는 경우이다. 이 형태는 대안 혹은 타협(compromise)의 형태로 유용해 보이기는 하지만, 이에 대한 비판도 만만치 않다.[76]

세대통합예배를 위한 구체적인 제안으로 다음과 같은 것을 들 수 있다.

안재경은 다음 몇 가지를 제시한다. (1)예배를 경건하게 드리는 것을 포기(?)해야 한다. (2)설교에 집중할 수 있는 환경을 갖추어야 한다. (3)자녀와 더불어 예배를 미리 준비해야 한다. (4)절기 때 세대통합예배를 시험해 보라.[77]

드종은 예배를 위한 개인적 준비, 가정적 준비, 회중적 준비에 대해서 자세히 논하고 있다. 특히 그는 어린이와 함께 드리는 예배를 위한 가정과 부모의 역할을 강조하고 있다. 물론 부모가 이 일을 감당하기 위해서는 교회의 배려와 뒷받침이 전제되어야 한다.[78] 부모의 역할을 몇 가지로 정리하면 다음과 같다. (1)부모는 자녀들에게 예배에 참석하는 것이 왜 중요한가를 인식시켜야 한다. (2)예배를 준비하는 일에 어린이들을 참여시킨다. (3)예배에서 사용하는 용어의 의미를 바르게 이해하도록 돕는다. (4)자녀를 예배에 참석시키는 시기를 너무 서두르지도 말고 너무 지체하지도 말아야 한다. (5)부모는 자녀들에게 죄악을 누르시고 승리하시는 하나님께 영광을 돌리는 감사와 찬양의 태도를 늘 지니도록 해야 한다. (6)가족의 경험을 통해 예배의 경험을 더욱 강화시켜주고 늘 하나님의 전을 향해 나가는 풍토를 자연스럽게 조성해야 한다. (7)설교말씀에 함축되어 있는 의미에 대해서 폭넓은 대화가 있어야 한다. (8)주일 오후는 자녀들과 보내는 시간을 마련하고, 형제와 이웃을 초대하여 그리스도인의 교제를 나누도록 한다. (9)주일이 지나면 다음 주일에 드릴 예배를 준비해야 한다. 주간에 이루어지는 다양한 봉사활동은 예배를 위한 실천이 되며, 이를 통해 하나

님의 통치하심은 계속된다.[79]

김세광은 세대통합예배의 필요성과 가능성을 논의하면서 다음 몇 가지 실제적인 제안을 한다.[80] (1)하나 되게 하시는 성령의 역사를 기대한다. (2)스토리텔링을 사용한다. (3)예술적 표현을 활용한다. (4)예전의 활용을 활성화한다. (5)멀티미디어의 적절한 사용은 매우 효과적이다. (6)신체언어를 적극적으로 활용한다. (7)예배 기획과 진행에 참여하도록 격려한다. (8)세대통합예배는 예배 밖에서부터 시작된다(준비와 역동적 교제).

세대통합예배를 위해서는 부모교육이 무엇보다도 중요하고, 예배에서 부모의 역할을 해 줄 봉사자들이 많이 필요하다. 이상과 같은 점들을 생각해 보면서 우리의 상황에서 이 예배만을 성급하게 고집할 수는 없다고 보며, 더 많은 준비를 통해서 필요성과 분위기를 성숙시켜 나가야 할 필요가 있다.

어린이 예배

기본적 논의들

현실적으로 주일 오전에 드리는 어린이 예배는 분반활동과 함께 주일학교교육의 전부를 이룬다 해도 과언이 아니다. 이 시간에 교회교육의 목표를 성취하기 위해서는 '주일 오전예배에 생명을' 걸어야 한다.[81] 오늘의 현실을 보면, 어린이 예배가 주일학교의 개회예배적인 의례적인 것은 되고 있지 않은지 반성해 볼 필요가 있으며, 오직 담당 교역자만의 책임 속에서 그의 스타일대로 예배를 이끌어 가는 것은 아닌가 생각해 볼 필요가 있다. 교사들 역시 예배에 대한 어떤 책임감도 없이 임기응변으로 어린이들의 질서유지에 급급한 것은 아닌가? 인도자의 스타일에 따라서 나타난 다양한 형태의 예배, 어린이의 흥미와 특성에 맞춰 유행을 따르는 인도자, 이벤트성 예배를 드리는 경우도 많다. 이제 어린이 예배를 생각하면서 이전에 논의된 것들을 기초로 어린이 예배는 어떤 변화를 가져와야 할 것인가에 주안점을 두고 이야기 하고자 한다.

어린이는 예배 가능한가

흔히들 어린이의 미성숙성을 근거로 하여 — 특히 상징적 의사소통을 잘 이해하지 못한다는 이유로 — 예배에 앞서 성숙과 교육이 선행되어야 한다는 주장들이 있다. 그러나 이러한 견해는 옳지 않다.

어린이는 참여하며 배운다. 어린이는 몸으로 배운다. 어린 아이일수록 더욱 그렇다. 어린이들은 어머니의 손길, 체취, 체온, 눈빛, 표정 등으로 어머니를 알아가고, 그러한 앎은 인지적 앎보다 더 강하다. 아이들은 오감으로 배우고, 실제적 경험으로 배운다. 실제로 유아의 예배 가능성과 예배 실천을 개발한 몬테소리(M. Montessori) 학파의 학자들인 까발레티(Sofia Cavalletti), 스튜어트(Sonja M. Stewart), 그리고 베리만(Jerome W. Berryman) 등은 풍성한 자료를 제공해 주고 있다.[82]

또 다른 관점에서 볼 때, 예배를 이루는 말씀, 기도, 찬송에서 지적인 응답과 행위는 일부분이라는 사실을 지적할 수 있다. 전인적 예배를 지향하는 예배는 인간의 몸과 모든 감각을 활용한다. 예배는 움직이는 행위일 뿐 아니라 듣고, 보고, 만지고, 냄새 맡고, 맛보는 일이다. 셀리어즈(Don E. Saliers)는 진정한 예배를 통해서 경외(awe), 기쁨(delight), 희망(hope), 그리고 진리(truth)에 도달해야 하는데, 이런 것들은 인간의 모든 감각을 사용함으로 얻을 수 있는 것이다. 또한 그는 지적인 언어보다도 마음의 언어를 중시하고, 나아가 비언어적 접근을 중시한다.[83]

어린이 예배는 예배인가

어린이 예배를 불완전한 예배라 보는 견해들이 있는 것 같다. 그것은 우선 어린이의 미숙성을 이유로 어린이들의 예배 가능성을 부정하는 생각이나 이는 앞에서 본 바와 같이 옳지 않다. 다른 면에서 어린이 예배를 공동체적 회집이라는 관점에서 부정적으로 보는 견해가 있다. 물론 어린이들만의 예배는 이런 관점에서 볼 때 제한성을 갖는다. 그렇다고 하여 어린이 예배를 잘못된 예배라고 말할 수는 없다. 예배는 그 구성원이나 외적인 진행보다는 그 대상이 하나님이며, 하나님과의 본질적인 의사소통이 이루어지는 것이 핵심이기 때문이다. 물론 세대분리된 예배는 함께 드리는 예배가 주는 유익을 많이 놓치고 있는 것이 사실이다. 그러나 어떤 의미에서 어린이들은 '작은 교회'를 이루는 '어린이 교회'이며, '교회속의 교회'라 할 수도 있다. 그러므로 어린이 예배가 잘못된 예배라면, 성인들만의 예배도 잘못된 예배일 것이다.

앞에서 세대통합예배로 나아가는 일에 대해서 언급한 바 있다.

그러나 세대통합예배로의 급한 전이는 쉬워 보이지 않는다. 한국교회의 현실에서 볼 때 부모가 불신자인 어린이들이 상당수에 달하고, 시설이나 공간 면에 있어서도 전 회중이 한 번에 예배를 드릴 수 없는 어려움이 있다. 따라서 전 회중이 한 번에 예배를 드리는 것이 이상적이라 말할 수 있지만, 시설이 따라가지 못하여 2부나 3부로 예배를 드리는 교회가 많은 현실에서는 더욱 불가능한 접근일 것이다.

무엇보다도 어린이 예배를 불완전한 예배인양 생각하면서 경시하는 태도는 시정되어야 한다. 하나님은 어린이들이 어린이답게 드리는 예배를 기쁘게 받으실 것이다(시 8:2; 마 21:16). 어린이 예배는 성인 예배의 모방이거나 대치로서가 아니라, 그 자체가 그들의 진실된 예배 경험이다. 어린이 예배가 성인의 예배가 아니기 때문에 '교육적인 예배'라는 말로 어린이 예배의 의미를 축소시켜서는 안 된다. 중요한 것은 어른이나 어린이를 막론하고 예배를 통하여 하나님께 영광을 돌리며, 하나님 경외하는 것을 배우며, 하나님과의 개인적인 관계를 발전시켜 나가는 것이다. 이 관계 속에서 신앙은 자라게 된다.[84]

어린이 예배의 중요성

앞에서 논의한 다양한 사실들을 근거로 우리는 어린이 예배의 중요성을 다음 몇 가지로 정리할 수 있다.

첫째, 무엇보다도 예배는 교육적이고 신앙 형성적 역할을 한다.

둘째, 예배는 어린이가 하나님과 만나는 체험을 극대화할 수 있는 기회가 된다.

셋째, 최근에는 어린이 예배에 대한 연구가 어른(성인)예배의 변화에 영향을 줄 수 있다는 주장이 나오고 있는데 많은 설득력이 있다.

넷째, 어린이 예배는 어린이의 '신앙의 삶'이라는 여정에서 볼 때 매우 막강한 영향을 줄 수 있다는 사실이 강조되고 있다.

예배는 예배 자체의 본질적인 면과 교육적인 면이 있다. 이 둘은 대립적인 개념일 수도 있으나, 여기서 말하는 교육이 본질적으로 신앙(을 위한) 교육이고, 신앙을 보다 포괄적인 차원에서 이해한다면 오히려 서로 상호작용하는 개념이 될 것이다.

어린이 예배 갱신의 방향

김만형은 그의 책에서 어린이 예배의 갱신을 위해 다음 아홉 가지를 제시한다.[85] (1)예배를 기획하라. (2)예배의 진행과 흐름에 민감하라. (3)예배에 환희와 기쁨, 즉 축제적 요소를 넣어라. (4)간절한 기도와 찬양으로 하나님을 만나게 하라. (5)다양한 방법으로 말씀에 접근하라. (6)예배 분위기를 따뜻하게 하라. (7)변화감이 느껴지는 예배를 만들라. (8)예배를 지속적으로 점검 발전시키라. (9)예배와 교육을 통합하라.

최윤식은 그의 책에서 예배의 업그레이드를 위한 패스워드 (password)를 다음 일곱 가지로 말한다.[86] (1)예배와 주중교육을 한 주제로 통일하라. (2)예배에 어린이들을 참여시키라. (3)느슨한 예배는 이제 그만하라. (4)찬양에는 신앙고백이 있어야 한다. (5)멀티미디어를 사용하라. (6)타협하는 메시지는 악이다. (7)결단을 이끌어내는 기도가 일주일을 승리하게 한다.

이철승은 예배의 본질에 입각하여 예배의 변질을 살피고 바른 어린이 예배의 회복을 위해 다음 일곱 가지를 말한다.[87] (1)철저한 준비를 하라. (2)영적예배를 추구하라. (3)음악을 분별하여 사용하라. (4)예배의 목적에 부합하라. (5)현실성을 고려하라. (6)통일성을 가지라. (7)참여를 유도하라.

이상의 제안들을 중심으로 요약 정리하면 다음과 같다.

① 예배는 기독교교육의 핵심이라는 사실을 담임목사와 부서담당 교역자들이 인식해야 한다.
② 예배를 위한 교육이 선행 되어야 한다. 예배의 본질과 목적, 그리고 참여하는 태도가 교육되어야 한다.
③ 예배의 본질과 예배원리에 입각해야한다.
④ 철저한 계획과 준비, 그리고 평가가 있어야 한다.
⑤ 하나님 만남을 가능하게 하고 경험하는 설교, 기도, 찬송이 되어야 한다.
⑥ 참여하는 예배가 되어야 한다.[88]
⑦ 예배와 교육의 통합을 고려해야 한다.[89]
⑧ 예배는 즐거운 경험이 되어야 한다.
⑨ 예배의 흐름과 진행에 민감해야 한다.
⑩ 다양한 방법과 매체의 활용이 필요하다.
⑪ 예배실의 환경은 가능하면 밝은 분위기로 만드는 것이 좋다.

어린이 예배의 모델

어린이예전 작성의 방향

어린이 예전의 개발을 위해서는 다음과 같은 점을 고려할 필요가 있다.

첫째, 어린이 예배의 일반적인 형식을 우선 개발하고, 절기(교회력 감안)에 맞춘 연중 어린이예전의 개발이 필요하다.

둘째, 가능하면 어린이 예배도 연령별로 지나치게 세분하지 않는 것이 좋을 것이다. 모든 예배를 연령별로 분리한다고 다 좋은 것은 아니다. 여러 가지 이유로 유치부, 초123, 초456의 예배를 따로 드리는 경우에도 함께 드리는 예배를 조화 있게 진행하는 것이 좋다.

셋째, 예전의 기본 의미는 '예배자의 참여'를 강조한다. 이 점을 감안하여 어린이 예배를 구상하는 것이 좋을 것이다.

넷째, 분반활동(공부)은 예배와의 관계 속에서 진행하도록 한다. 먼저 분반활동을 하고 예배를 드리는 것이 좋을 것이다. 분반활동 시간에는 예배를 준비하는 시간을 할애하도록 한다. 헌금, 암송, 발표 등을 준비한다. 찬송, 성경을 준비하고 교리문답을 가르쳐 따라 하도록 한다. 설교의 내용, 교리문답의 낭독 및 공부 등이 연결되어야 하며, 가능하면 한 주제로 예배가 통일성을 이루도록 하면 좋을 것이다.

다섯째, 예배를 진행하면서 각 순서의 성격을 설명하는 적절한 멘트가 포함되도록 한다.

여섯째, 교단적인 어린이 예배(예전) 지침이 마련되기를 바라고, 각 교회는 '예배위원회'를 구성하고, 어린이 예배를 기획, 평가하도록 한다.

어린이 예배의 순서[90]

여기서 제시하는 순서는 이대로 해야 한다기 보다는 논의를 위한 자료로 제공하는 것이다. 이 순서는 매우 복잡한 것 같지만, 좀 더 세밀하게 순서를 묘사한 것이기 때문에 그렇게 보인다. 교회의 상황에 맞추어 선택하여 사용하면 될 것이다. 물론 새로운 시도로 제안한 것들도 있다.[91]

예배의 준비	예배실 입장 준비 (교회의 마당이나 혹은 다른 공간에서)[92] 예배실 입장 (입례송)
예배의 시작	인사 나누기[93] 전주 예배에의 부름 (성경말씀 낭독)[94] (찬송) 영광송 죄의 고백과 용서
신앙고백과 말씀의 가르침	신앙고백 (사도신경, 혹은 신앙고백의 간결한 형식) 시편낭독 (함께, 짧은 형식으로) 소교리문답 낭독 찬양 (대표, 연합) 대표기도 성경봉독 (참여자는 일어선다) 설교
응답과 봉헌	(설교말씀에 대한) 응답의 기도 (설교말씀에 대한) 응답의 찬송 봉헌(헌금)을 위한 기도 봉헌 섬김과 결단의 이야기[95]
축하와 교제	생일축하 (선물 나누기 및 축하노래) 특별한 소식들 새 친구 소개

중보와 파송	형제를 위한 기도 (중보기도) 주기도문 (노래) 파송(보냄)의 노래 축복기도 폐회

예전의 평가

예전의 요소로 거론되는 것은 다양하나 여기서는 벤(Jane Vann)의 제안을 중심으로 다섯 요소로 나누어 제시하고자 한다.[96] 예전 평가의 기준은 많은 자료를 참고하였으나, 필자가 독자적으로 만든 것이다.

(1) 시간	
예배는 교회력을 반영하고 있는가?	☐
주일에 드리는 예배를 확보하고 있는가?[97]	☐
예배의 중요성을 보여줄 수 있는 시간대를 선택하고 있는가?	☐
정해진 시간에 예배가 시작 되는가?	☐
예배의 시간이 너무 길거나 너무 짧지 않은가?	☐
어린이가 집중할 수 있는 시간을 고려하여 예배가 기획, 진행되고 있는가?	☐
예배의 진행과 흐름의 속도는 적절한가?	☐
예배의 순서와 순서 사이의 연결은 적절한가?	☐
들음과 묵상, 말하는 시간과 침묵의 시간 등을 적절하게 배려하고 있는가? (자신을 돌아보는 시간, 말씀에 대한 반응과 결심 등을 위한 시간 등)	☐
어린이들이 예배드리는 시간에 성경 이야기, 어린이의 현재의 삶의 이야기, 하나님이 원하시는 어린이의 내일의 삶이 상호 연관되고 있는가?	☐

(2) 공간

예배 준비를 위한 공간은 예배를 위한 외형적인 준비(찬송가나 성경의 배부, 단정한 옷차림의 점검, 머리를 빗는 일 등)를 위해 유익하며, 더 나아가 예배를 위한 마음의 준비를 도와주고 있는가? ☐

예배실의 출입구는 자녀들을 환영하고 기뻐하시는 하나님의 환대를 느끼게 하는가? ☐

예배 인도자와 어린이 간의 거리는 적절한가? ☐

예배실은 예배 공동체 안에서 함께 예배드리고 있음을 느끼게 하는가? ☐

예배실은 감사의 잔치로서의 예배를 드리기에 합당한가? ☐

예배드리는 동안에 교사의 위치는 어린이의 예배를 돕고 있는가? ☐

예배드리는 공간은 어린이가 예배에 집중하도록 돕고 있는가? ☐

조명, 음향, 좌석, 공간의 구성, 온도 등은 적절한가? ☐

예배실의 분위기는 밝은가? ☐

예배의 공간은 어린이의 숫자에 맞추어 적절한 크기인가? ☐

예배와 교육의 장소는 구별되는가? 구별된 예배라는 느낌을 갖게 하는 다른 방안은 있는가? ☐

온화한 벽지, 그림, 소품 등은 예배를 위한 공간을 만드는 일에 기여 하는가? ☐

(3) 언어

예배와 관련된 적절한 성경 말씀들이 사용되고 있는가? ☐

인도자가 진행을 위해서 하는 말들은 그 순서의 의미를 전달하는 일에 기여하고 있는가? ☐

어린이의 연령에 맞춘 신앙고백의 형태를 사용하고 있는가? ☐

함축적이며 이해 가능한 언어로 죄를 고백할 수 있도록 돕는가?	☐
이해 가능하며 적절한 '봉헌의 말씀'과 '봉헌의 기도'가 준비되어 있는가?	☐
설교를 위한 본문의 말씀이나 시편을 낭독하기 위한 다양한 준비가 되어 있는가?	☐
성경은 정성스러운 자세로, 틀리는 일이 없이, 분명한 목소리로 낭독되고 있는가?	☐
설교의 언어는 문자적인가 상징적인가?	☐
설교는 어린이의 삶과의 접촉점을 가지고 말씀에 초대하는가?	☐
설교는 어린이들에게 하나님의 숨겨져 있는 성품과 나타난 계시를 보여주고 있는가?	☐
설교는 삼위일체 하나님의 구원역사를 잘 담아내고 있는가?	☐
어린이의 삶의 실제적인 문제에 대해서 설교는 성경적인 진리를 충분히 제공하고 있는가?	☐
설교는 성경적 지식의 전달을 넘어서 삶 속에서의 구체적인 적용을 제시하고 있는가?	☐
설교에서 어린이에 대한 기본 이해는 구원받아야할 죄인인가 아니면 구원받은 자녀인가?	☐
설교는 어린이들로 하여금 설교에 적극적으로 참여하도록 돕고 있는가?	☐
기도문에는 기도의 중요한 요소들이 포함되어 있는가?	☐
기도문은 어린이들이 이해할 수 있는 언어로 이루어져있는가?	☐
기도문은 철저히 준비되어 있는가? 아니면 즉흥적인 기도인가?	☐
기도의 순서에서도 어린이들이 함께 참여할 수 있게 배려하고 있는가?98	☐
예배는 (담임)목사의 축도로 끝나고 있는가?	☐

(4) 음악

예배에서 사용하는 음악은 어린이들의 예배 분위기 형성에 이바지하고 있는가?	☐
예배에서 사용하는 음악은 어린이로 하여금 예배의 현장에 임재하신 하나님을 잘 인식하고, 반응하게 도와주고 있는가?	☐
예배의 각 순서를 위해 음악은 효과적으로 활용되고 있는가?	☐
어린이가 충분히 이해할 수 있는 가사인가?	☐
예배에서 사용되는 찬양(노래)의 가사는 예배의 흐름에 적합한가?	☐
인도자의 말과 찬양의 가사가 학생들에게 정확하게 전달되고 있는가?	☐
기도 중에 사용하는 음악은 어린이의 기도를 돕고 있는가?	☐
음악은 어린이들이 하나님께 경배를 드리고, 하나님의 은혜의 말씀을 묵상하는 일을 돕고 있는가?	☐
찬양 인도자의 멘트는 예배의 흐름을 돕고 있는가?	☐
찬양에 쓰이는 음향 및 악기는 잘 준비되고 조율되어 있는가?	☐
노래를 부르는 일과 듣는 일은 조화로운가?	☐
어린이들은 음악을 통해 헌신과 사랑, 영적인 열망과 기쁨을 찬송하면서 하나님과 의사소통을 하고 있는가?	☐
예배에서 사용하는 음악이 하나님을 찬양하는데 그 목적을 두고 있는가 아니면 흥미 위주에 머물고 있는가?	☐
찬양 인도자는 어린이들이 찬송을 목소리로만 부르는 것이 아니라 참 정성과 참 마음으로 부르도록 돕고 있는가?	☐
예배 시에 부르는 찬송의 가사나 어휘의 의미에 대해서 충분히 설명해 주고 있는가?	☐
어린이 찬송가는 어린이가 이해할 수 없는 개념을 가급적 피하고, 가능한 음역, 쉬운 음정, 변화가 심하지 않고 교묘한 꾸밈이 없는 단순한 리듬 등을 고려하고 있는가?	☐
찬양 인도자는 똑같은 방법으로 찬양을 인도하고 있는가?	☐

(5) 동작

- 예배 인도자와 어린이들의 움직임은 동적인가 정적인가? ☐
- 예배 인도자는 신령과 진정으로 예배하는 본을 보이고 있는가? ☐
- 예배 인도자는 어린이들이 예배의 모든 순서에 적극적으로 참여하도록 돕는가? ☐
- 예배 인도자의 움직임은 어린이들이 하나님께 그 마음을 열 수 있도록 돕는가? ☐
- 예배 인도자는 예배 안에 임재하신 하나님의 성품과 하나님의 나라의 가치(사랑, 자비, 용서, 평화, 기쁨, 평등, 감사, 온유, 섬김 등)를 몸과 동작으로 표현하고 있는가? ☐
- 예배 인도자의 움직임과 동작은 예배의 흐름과 요소들에 알맞게 나타나고 있는가? ☐
- 예배 인도자는 불필요한 움직임으로 참여자들의 마음을 분산시키지는 않는가? ☐
- 예배의 인도자는 성경을 다루는 태도에서 모범을 보이고 있는가? ☐
- 어린이들의 예배드리는 모습은 명사인가 동사인가? ☐
- 어린이들의 움직임은 하나님의 임재에 대한 올바른 반응을 표현하고 있는가? ☐
- 어린이들은 움직임과 몸짓을 통해서 예배 공동체로서의 하나 됨을 표현하는가? ☐
- 모든 진행(순서) 참여자(찬양인도자, 찬양대, 오케스트라, 봉헌자, 기도자, 성경봉독자 등)의 움직임은 예배의 진행과 각 순서의 성격과 조화되는가? ☐
- 예배실로의 입장은 어린이로 하여금 하나님 앞으로 나아간다는 상징적 의미를 깨닫는 일을 돕는가? ☐
- 봉헌의 예전은 적절하며, 헌신의 정신이 잘 표현되고 있는가? ☐
- 함께 예배드리는 모든 참여자(교역자들, 교사들, 부모들, 이웃들)의 움직임은 예배의 기쁨과 환대함의 분위기를 조성하고 있는가? ☐
- 말씀 봉독 시 일어나는 일은 말씀에 대한 존중와 순종을 표현하고 있는가? ☐

(6) 상징과 도구들

예배를 위한 필요한 준비물들은 사전에 점검되어 예배시간에 당황하는 일이나 혼란을 일으키는 일이 발생하지 않는가?	☐
예배실 안에 있는 배너, 스크린, 소품들은 예배의 진행을 도와주는가?	☐
예배실 안에 있는 상징들은 예수님의 고난과 부활을 잘 드러내 주고 있는가?	☐
예배시간에 어린이의 눈에 보이는 것 중에 예배를 방해하는 것들이 있는가? 혹은 예배와 상관이 없는 것들이 있는가?	☐
조명은 예배의 상징적인 도구에 잘 집중하도록 도와주고 있는가?	☐
예배에 사용되는 예전적 도구들은 상징적이며 심미적인가?	☐
예배실 안에 게시되어 있는 각종 게시물은 예배를 돕고 있는가 방해하는가?	☐
좌석, 공간의 구성, 화분의 위치 등은 적절한가?	☐
봉헌을 위한 도구는 잘 준비되어 활용되고 있으며, 봉헌의 의미와 상징성이 보장되고 있는가?	☐
장식물은 단순하면서도 의미 있게 정리되고 구성되어 있는가?	☐
설교, 찬양, 기도를 위한 매체의 활용은 적절한가?	☐

나가는 말

 이제까지 어린이 예배와 관련된 다양한 이슈들에 대해 검토하고, 어린이 예배의 기본적인 요소들에 대해 검토하였다. 이 글을 마치면서 몇 가지 제언을 덧붙이고자 한다.
 첫째, 예배의 중요성에 대한 인식이 모든 교역자들과 교회 지도자들에게 필요하다.

둘째, 어린이예전에 대한 연구가 활성화 되어야 하며, 각 연령별 특성에 맞는 예배의 모델이 연구되어야 한다. 가능하다면 교단이나 교육원 내에 '어린이예전' 편성을 위한 위원회가 설치되기를 바란다.

셋째, 공과(교재)에서 예배 관련성을 강조해야 할 것이며, 더 나아가 예배, 교리(문답)교육, 성경 이야기를 통합하는 거시적 안목의 그림을 그려 나가는 일이 필요할 것이다.

특별히 고신 교단은 어린이의 예배에 기여한 주일학교의 전통과 언약에 기초한 예배를 드리는 귀한 전통을 함께 물려받는 교단이다. 그러나 우리에게는 예배의 측면에서 아무런 독특성을 찾기가 어렵다. 무엇보다도 교육과 예전의 조화를 통한 진정한 하나님과의 소통의 예전을 성인예배는 성인예배대로, 어린이 예배는 어린이 예배대로 살려 나가는 것이 중요할 것이다. 이렇게 될 때 성인예배는 어린이 예배에 긍정적인 영향을 주고, 어린이 예배 역시 성인예배에 긍정적인 영향을 주게 될 것이며, 결국은 온전한 세대통합적 예배로 나가는 길이 열리게 될 것이라는 소망을 가져본다.

한 어린 아이를 데려다가 그들 가운데 세우시고
그를 팔로 안으시며 그들에게 말씀하셨다. (막 9:36, 바른성경)

미주

1. cf. James F. White, *Introduction to Christian Worship*, 정장복 역, 『기독교 예배학 입문』(서울: 엠마오, 1992), 13-49.

2. cf. 강용원, "예배와 목회상담의 접점", 『통전적 기독교교육과 상담사역』(서울: 기독한교, 2014), 260-262.

3. Raymond Abba, *Principle of Christian Worship*, 허경삼 역, 『기독교 예배의 원리와 실제』(서울: 대한기독교서회, 1974), 14.

4. Evelyn Underhill, *Worship* (Scranton: Harper & Row, 1936), 339.

5. Franklin M. Segler, *Christian Worship: Its Theology and Practice*, 정진황 역, 『예배학원론』(서울: 요단출판사, 1984), 74.

6. "하나님과 그 백성 간의 만남", Robert Webber, *Worship Old and New*, 김지찬 역, 『예배학』(서울: 생명의 말씀사, 1988), 8; "하나님과 그 백성 사이의 대화", John Huxtable, *The Bible Says* (Richmond: John Knox Press, 1962), 109.

7. "기독교 예배는 하나님의 사람들이 그들의 신앙을 축하하는 것이며, 복음을 축하하는 것이며, 하나님께 속한 모든 가치와 진리를 축하하는 것이다. 따라서 예배는 하나님께 가치를 돌리는 것이며, 찬양과 감사와 기쁨을 불러일으킨다." Richard G. Jones, *Groundwork of Worship & Preaching* (London: Epworth Press, 1980), 17.

8. J. von Allmen, *Worship: Its Theology and Practice*, 정용섭 외 역, 『예배학원론』(서울: 대한기독교서회, 1979), 17-77.

9. Paul W. Hoon, *The Intergrity of Worship* (Nashville: Abingdon Press, 1971), 77.

10. Robert Rayburn, *O Come, Let Us Worship*. 김달생, 강귀봉 역, 『예배학』(서울: 성광문화사, 1982), 26-27.

11. John McArthur, Jr., *True Worship*, 한화룡 역, 『참된 예배』(서울: 두란노서원, 1986), 10.

12. Ilion T. Jones, *A Historical Approach to Evangelical Worship* (Nashville: Abingdon Press, 1954), 167.

13. 예배에는 많은 것들이 교차한다. 그런 이유로 예배는 종합사역이다. 예배는 하늘과 땅, 믿음과 앎과 행함, 이미(already)와 아직(not yet), 과거와 현재와 미래, 믿음과 소망과 사랑, '세상에 있음'과 '세상에 속하지 않음', 선포와 봉사와 교제가 교차하는 곳이다. 이에 대한 설명은 강용원, 『기독교교육의 과제와 전망』(서울: 기독한교, 2004), 220-222를 참고하라.

14 최윤배, "깔뱅의 예배", 총회교육자원부 편, 『개혁교회의 예배·예전 및 직제 I』 (서울: 한국장로교출판사, 2015), 71-92.

15 최윤배는 칼빈은 말씀 선포를 중시하면서도 성례전과 기도(찬양), 그리고 교제(구제)도 중요하게 생각하며 예배의 네 요소들 사이의 균형을 유지하려고 힘썼다고 긍정적으로 설명한다.

16 http://rpress.or.kr/xe/34717 (2017. 2. 24).

17 이성호, "개혁주의 예배관", 고려신학대학원 교수진, 『개혁주의를 말한다』 (서울: SFC, 2011), 164-166.(145-166)

18 cf. James A. De Jong, *Into His Presence: Perspective on Reformed Worship*, 황규일 역, 『개혁주의 예배』 (서울: CLC, 1985), 14. 괄호 속은 발제자의 것이다.

19 James A. De Jong, *Into His Presence*, 14-21.

20 R. C. Miller, *Christian Nurture and the Church*, 서광선, 박형규 역, 『기독교교육과 교회』 (서울: 대한기독교교육협회, 1965), 136-137.

21 양금희, 『기독교 유아·아동교육』 (서울: 대한기독교서회, 2011), 355-357.

22 김세광, "한국교회 예배 유형의 다변화에 따른 대안적 모색", 「신학과 실천」 15 (2008), 19-20.

23 "내가 내 언약을 나와 너 및 네 대대 후손 사이에 세워서 영원한 언약을 삼고 너와 네 후손의 하나님이 되리라"(창 17:7), "모세가 그들에게 명령하여 이르기를 매 칠 년 끝 해 곧 면제년의 초막절에 온 이스라엘이 네 하나님 여호와 앞 그가 택하신 곳에 모일 때에 이 율법을 낭독하여 온 이스라엘에게 듣게 할지니 곧 백성의 남녀와 어린이와 네 성읍 안에 거류하는 타국인을 모으고 그들에게 듣고 배우고 네 하나님 여호와를 경외하며 이 율법의 모든 말씀을 지켜 행하게 하고 너희가 요단을 건너가서 차지할 땅에 거주할 동안에 이 말씀을 알지 못하는 그들의 자녀에게 듣고 네 하나님 여호와 경외하기를 배우게 할지니라"(신 31:10-13), "모세가 명령한 것은 여호수아가 이스라엘 온 회중과 여자들과 아이와 그들 중에 동행하는 거류민들 앞에서 낭독하지 아니한 말이 하나도 없었더라"(수 8:35), "유다 모든 사람들이 그들의 아내와 자녀와 어린이와 더불어 여호와 앞에 섰더라"(대하 20:13), "이 날에 무리가 큰 제사를 드리고 심히 즐거워하였으니 이는 하나님이 크게 즐거워하게 하셨음이라 부녀와 어린 아이도 즐거워하였으므로 예루살렘이 즐거워하는 소리가 멀리 들렸느니라"(느 12:43), "총각과 처녀와 노인과 아이들아 여호와의 이름을 찬양할 지어다"(시 148:12-13).

24 Paul Eugen, *Geschichte der Christilichen Erziehung*, Freiburg im Breisgau, Herder, Bd. I, 37.

25 Paul Eugen, *Geschichte der Christilichen Erziehung*, 69; Christian Grethlein, *Gemeindepädagogik* (Berlin, de Gruyter, 1994), 110.

26 Paul Eugen, *Geschichte der Christilichen Erziehung*, 70.

27 Paul Eugen, *Geschichte der Christilichen Erziehung*, 71.

28 Christian Grethlein, *Gemeindepädagogik*, 110.

29 김상구, "어린이 예배 갱신에 관한 소고", 「성경과 신학」 63 (2012), 58.

30 Eugen, *Geschichte der Christilichen Erziehung*, 277-278.

31 Gert Otto, *Kindergottesdienst*, in: Ders (Hg.), *Praktisch-Theologisches Handbuch*, Hamburg 1975, 331.

32 cf. 강용원, "주일학교 운동의 역사적 발전과 과제", 『통전적 기독교교육과 상담사역』 (서울: 기독한교, 2014): 75-105.

33 1973년에는 『어린이 미사지침』이 만들어졌다.

34 Christian Grethlein, *Gemeindepädagogik*, 110-111; Gottfried Adam, *Kindergottesdienst*, in: Ders / Lachmann, R. (Hg.), *Gemeindepädagogisches Kompendium*, Göttingen 1987, 281-282; Gert Otto, *Kindergottesdienst*, 331.

35 Barbare Pitkin, "The Heritage of the Lord: Children in the Theology of John Calvin," in Marcia J. Bunge, (ed.), *The Child in Christian Thought* (Grand Rapids: Erdmans, 2001), 186-187.(160-193)

36 이 지역에서 실행되던 주일학교의 예전적 순서는 다음과 같다. 이것은 크반트(E. Quandt)에 의해서 제안된 것인데, 7개의 가지로 구성되어 있다. ①찬송(Gesang), ②예전(Liturgie), ③주일학교 교사의 의한 수업(Kinderlehre), ④찬송(Gesang), ⑤교역자에 의한 교리교육(Katechisation des Geistlich), ⑥끝맺음 예전(Schlußliturgie), ⑦끝맺음 찬송(Schlußgesang). 여기서 볼 수 있는 것은 어린이를 위한 가르침이 한편으로는 교리교육적이며, 동시에 예전적이라는 사실이다. 이 순서에 나타난 예전은 기도와 신앙고백과 관련된 것으로 보인다. Gottfried Adam, *Kindergottesdienst*, 279-313.

37 Siehe, C. Berg, *Gottesdienst mit Kindern, von der Sonntagsschule zum Kindergottesdienst*, Gütersloh 1987, 17-20.

38 Gottfried Adam, *Kindergottesdienst*, 283.

39 Gottfried Adam, *Kindergottesdienst*, 283-284.

40 이 학교는 빈민구제사업가였던 폰 보그트(Baron Caspar von Voght)가 영국에서 주일학교의 형태를 보고 와서 영국의 모델을 따라 세운 것이다. C. Berg, *Gottesdienst mit Kindern*, 21f.

41 Gottfried Adam, *Kindergottesdienst*, 286.

42 Gottfried Adam, *Kindergottesdienst*, 286.

43 Gottfried Adam, *Kindergottesdienst*, 286-287.

44 양금희, "독일의 기독교교육 II: 어린이 예배를 중심으로", 「교육교회」 172 (1990), 51.

45 Gottfried Adam, *Kindergottesdienst*, 287-288.

46 양금희, "독일의 기독교교육 II: 어린이 예배를 중심으로", 52; C. Berg, *Gottesdienst mit Kindern*, 64-91.

47 Siehe, Eun-Ju Kim, *Kindergottesdienst in Der Krise*, Doktorarbeit, Wilhelms-Universität Münster, 2011.

48 Christian Grethlein, *Kindergottesdienst heute: Praktish-theologishe Überlegungen zu seiner Konzeption*, Pastoral Theologie 72 (1988/Juli): 346-357; Christian Grethlein, *Gemeindepädagogik*, 109-136; Christian Grethlein, *Kinder in der Kirche*, Göttingen 2010; 김상구, 김은주 역, 『교회의 아이들』 (서울: CLC, 2014).

49 Christian Grethlein, *Kindergottesdienst heute*, 353-354.

50 Karl Ernst Nipkow, *Bildung als Lebensbegleitung und Erneuerung* (Gütersloh 1990), 343-358.

51 Karl Ernst Nipkow, *Bildung als Lebensbegleitung und Erneuerung*, 342.

52 cf. 강희천, "예전과 기독교교육", 『기독교교육의 비판적 성찰』 (서울: 대한기독교서회, 1999), 123-124; Hwarang Moon, *Engraved upon the Heart: Children, the Cognitively Challenged, and Liturgy's Influence on Faith Formation* (Eugene, Oregon: Wipf & Stock, 2015), 1-22.

53 강희천, "예전과 기독교교육", 124-127.

54 강희천, "예전과 기독교교육", 124-125; John Harper, *The Forms and Orders of Western Liturgy* (Oxford: Clarendon, 1991), 12.

55 강희천, "예전과 기독교교육", 137-181.

56 John H. Westerhoff, III & William H. Willimon, *Liturgy and Learning through the Life Cycle* (Minneapolis: Seabury Press, 1980); Gwen Kennedy Neville & John H. Westerhoff, III, *Learning through Liturgy* (New York: Seabury Press, 1978).

57 Robert L. Browning & Roy A. Reed, *Models of Confirmation and Baptismal Affirmation: Liturgical and Educational Issues and Designs* (Birmingham: Religious

Education Press, 1995); Robert L. Browning & Roy A. Reed, *The Sacraments in Religious Education and Liturgy* (Birmingham: Religious Education Press, 1985).

58 Thomas H. Groome, *Sharing Faith: A Comprehensive Approach to Religious Education and Pastoral Ministry* (New York: Harper Collins, 1991).

59 Louis Weil, "Facilitating Growth in Faith through Liturgical Worship," in James Michael Lee, (ed.), *Handbook of Faith* (Birmingham: Religious Education Press, 1990): 181-196.

60 Hwarang Moon, *Engraved Upon the Heart*, 56-95; 문화랑, "예전이 어떻게 신앙을 형성하는가에 대한 연구", 「총회교육원 주최 제11회 해외동포 목회와 교육 정책협의회 강의집」(2015. 6. 16-17), 80-95.

61 Hwarang Moon, *Engraved Upon the Heart*, 3-4.

62 양금희, 『기독교 유아·아동교육』, 353.

63 대한예수교장로회(고신) 예배지침 제4조는 '공동회집'이라 칭한다. "주일은 공동회집으로 모여 예배하는 것이 신자의 기본적인 의무이다." 대한예수교장로회 고신총회, 『헌법』(서울: 대한예수교장로회 고신총회, 2011), 228.

64 David Ng, "What Children Bring to Worship," *Austin Seminary Bulletin* 94 no. 3 (2002. Sum): 208-225; Polly Dillard, "Children and Worship," *Review and Expositor* 80 no. 2 (1983. Spring): 261-270; Joyce Ann Mercer, "Practicing Liturgy as a Practice of Justice with Children," *Welcoming Children: A Practical Theology of Childhood* (St. Louis: Chalice Press, 2005): 210-238; 김세광, "한국교회 예배 유형의 다변화에 따른 대안적 모색", 「신학과 실천」 15 (2008): 11-38; 안재경, "세대통합예배 가능한가?", http://reformedjr.com/board02/785 (2017. 2. 24); 성희찬, "내가 경험한 개혁교회와 어린이들", http://www.siloam-church.org/jboard/?p=detail&code=board5&id=221&page=12 (2017. 2. 24); 고재수, "자녀와 함께 예배드리는 화란 개혁교회 성도들", http://blog.daum.net/kkho1105/12182 (2017. 2. 24).

65 cf. 김세광, "한국교회 예배 유형의 다변화에 따른 대안적 모색", 26-28.

66 cf. Hwarang Moon, *Engraved Upon the Heart*, 203-206.

67 David Ng, "What Children Bring to Worship," 23.

68 cf. 김세광, "한국교회 예배 유형의 다변화에 따른 대안적 모색," 22.

69 Hwarang Moon, *Engraved Upon the Heart*, 197-200.

70 Joyce Ann Mercer, *Welcoming Children*, 230.

71 David Ng, "What Children Bring to Worship," 23.

72 Joyce Ann Mercer, *Welcoming Children*, 229.

73 김세광, "한국교회 예배 유형의 다변화에 따른 대안적 모색", 23.

74 David Ng, "What Children Bring to Worship," 24.

75 현유광,『교회문턱』(서울: 생명의 양식, 2016), 135-136.

76 cf. Joyce Ann Mercer, *Welcoming Children*, 215-218.

77 안재경, "세대통합예배 가능한가?", http://reformedjr.com/board02/785 (2017. 2. 24).

78 드종은 몇 가지 제안을 한다. ①함께 예배드리는 가족을 위한 좌석을 준비한다. ②설교자는 자료와 예화 등으로 설교의 적절한 수준을 맞추고, 아이들에게 구체적이고 직접적으로 전해야 한다. ③아이들의 예배 참여의 마음을 열어주기 위한 적합한 음악과 활동을 마련해야 한다. ④어린이들의 예배참여의 충분한 동기와 근거를 제공해야 한다. James A. De Jong, *Into His Presence*, 76.

79 James A. De Jong, *Into His Presence*, 74-77.

80 김세광, "한국교회 예배유형의 다변화에 따른 대안적 모색", 30-35.

81 cf. 김만형,『New SS 혁신보고서』(서울: 에듀넥스트, 2011), 154-155.

82 이 주제에 관하여는 다음 두 글을 참고하라. Laura Jonker, "Experiencing God: The History and Philosophy of Children and Worship," *Christian Education Journal* 12 no. 2 (2015): 298-313; Sonja M. Stewart, "Children and Worship," *Religious Education* 84 no. 3 (1989): 350-366.

83 cf. Don E. Saliers, *Worship Come to its Senses* (Nashville: Abingdon Press, 1996), 15.

84 "'어린이 예배도 예배이다'라고 하는 전제는 어린이 예배가 '기념'의 사건이 일어나야하는 자리가 되도록 한다. 어린이 예배도, 하나님이 백성이 과거에 했던 하나님 경험의 사건에 어린이들을 초대하여, 그 사건을 다시 '재현'하고, 그 경험에 구체적으로 '참여'함으로써 그 경험에 약속된 하나님의 미래를 '현재화'하는 자리가 되도록 해야 하는 것이다. 그곳은 어린이가 '기독교의 전통'과 대면하는 자리가 되어야 하고, 그 전통이 '오늘'과 '여기'에서 다시 경험되며, 그 경험이 어린이의 미래의 삶을 변형하고 이끌어가는 동력이 되게 하는 자리가 되어야 한다. 이러한 것들이 핵심이 되지 않는 어린이 예배는 엄격한 의미에서 예배의 본질에서 벗나가고 있다고 할 수 있는 것이다." 양금희,『기독교 유아·아동교육』, 359.

85 김만형,『New SS 혁신보고서』(서울: 에듀넥스트, 2011), 154-204.

86 최윤식,『유년주일학교혁명』(서울: 규장, 2000), 95-131.

87 이철승, 『교회교육의 회복』 (서울: CLC, 2011), 211-225.

88 "모든 아이들이 예배를 드릴 때, 자신의 입과 마음을 통해 하나님을 아바 아버지라 부르고, 예수님을 나의 구세주로 부르면서 찬양하는 예배, 찬양을 하면서 그 순간만큼은 하나님을 생각하고 예수님을 생각하는 예배, 자신의 기도제목과 친구의 기도제목을 가지고 자기 입으로 기도하는 예배, 선생님을 위해 기도하는 예배, 하나님의 말씀에 흥미를 느끼고 귀를 기울여 듣는 예배, 선생님과 함께 배우고 친구들에게 자신의 느끼는 점을 말하고 친구의 생각과 은혜를 함께 나누는 예배, 배운 말씀을 가슴에 안고 일주일 동안 어떻게 실천할까 고민하고 또 약속한 것을 실천하기 위해 다짐하는 예배, 이런 예배를 드릴 수 있다면 우리는 '아이들이 참여하는 예배', '아이들의 눈높이에서 드리는 예배'를 드릴 수 있는 것입니다." 최윤식, 『유년주일학교혁명』, 101.

89 예배와 분반공부 시간이 따로 놀고 있는 경향이 있다. 예배시간 안에 분반공부를 넣는 제안을 하는 경우도 있으나 바람직하지 못하다. 예배는 예배로서의 독립성을 가져야 하기 때문이다. 다만 분반공부(성경공부)의 주제와 통일성을 이루는 예배를 구상하는 것은 좋다. 이유는 분산된 주제들을 다루는 것은 시간적으로나 능력적으로나 감당하기 어려운 경우가 많기 때문이다. 짧은 시간에 다양한 주제를 다루는 것 보다는 설교와 분반공부 주제를 통일시킬 때 아이들은 말씀을 더 잘 이해하고 삶에 적용시킬 가능성이 높을 것이다. 다른 예배시간의 순서들, 찬양, 설교 도입을 위한 영상, 설교, 분반공부 등도 연결될 수 있으면 좋겠다. cf. 김만형, 『New SS 혁신보고서』, 201-203.

90 Vgl. Günter Ruddat, Wie (ein) *Kindergottesdienst entsteht*, EvEr 6 (Okt/Dez, 1989): 538-540.

91 여기서 각 순서에 대한 세밀한 설명은 생략하기로 한다. ①각 순서 진행에 대해서는 뒤에 나오는 예전의 평가 기준을 참고하라. ②각 순서에 따르는 예전문과 예전의 양식을 적절한 수준에서 개발 활용하는 연구가 필요하다. 또한 각 순서에 대한 의미가 충분히 전달 될 수 있어야 한다. ③참여자들이 활발하게 각 순서에 참여할 수 있어야 한다. ④성경의 사용, 신앙고백문, 소교리문답 등은 어린이에게 알맞은 쉬운 번역을 사용할 수 있을 것이다. ⑤'죄의 고백과 용서', '봉헌'과 관련된 예전의 양식에 대해서는 더욱 집중적인 연구가 요청된다. ⑥'소교리문답의 낭독'은 다소 새로운 시도이다. 분반활동이나 설교와 연결하는 것도 좋은 접근이다. ⑦각종 기도의 다양한 형식을 개발할 필요가 있다.

92 어린이들을 예배 시작 전에 다른 곳에서 모이게 하는 것은 여러 가지 이유로 바람직하다고 본다. 예배 시작 전의 소란함을 방지할 수 있을 뿐만 아니라, 교사와 어린이들, 어린이들 사이의 반가운 만남의 기회도 줄 수 있고, 가능하면 그날 예배에서 읽게 될 성경구절들이나 시편을 찾아서 준비시킬 수도 있으며, 부르게 될 찬송가를 배울 수도 있을 것이다. 이와 관련하여, 분반활동을 먼저하고 예배로 이끌어지는 것도 고려해볼 만하다.

93 스튜와트(Sonja M. Stewart)가 제안한 인사의 예를 들면 다음과 같다. "This is a very special place to be with God. It is special because God is here. In this place we have all the time we need so we don't have to hurry. We can walk more slowly and talk more softly, because someone might be talking with God and we don't want to disturb them. This is a special place to be with God, to talk with God, to listen to God, and to hear the stories of God. Here we greet each other in a special way, in the name of the Lord. I say, 'The Lord be with you,' and you say, 'and also with you.'" ("이곳은 하나님과 함께하는 특별한 자리입니다. 하나님께서 여기 계시므로 특별한 곳입니다. 여기서 우리는 서두를 필요가 없어요. 우리에게는 충분한 시간이 있으니까요. 우리는 더 천천히 움직이고 더 부드럽게 말할 수 있어요. 왜냐하면 누군가가 하나님과 이야기하고 있을지도 모르는데, 그들을 방해하고 싶지는 않겠죠. 이곳은 하나님과 함께 하고, 하나님과 이야기하고, 하나님께 귀를 기울이고, 하나님의 이야기를 듣는 특별한 곳이에요. 이제 우리는 '주님의 이름'으로 서로 인사를 나누어요. 내가 '주님께서 여러분과 함께 하시기를'이라고 말하면, 여러분은 '또한 선생님과도 함께'라고.") Sonja M. Stewart, "Children and Worship," 353.

94 개혁교회의 전통을 따르면 주로 시편 124:8을 사용하였다. "우리의 도움은 천지를 지으신 여호와의 이름에 있도다" 어린이 예배에서는 시 121:1도 좋을 것이다. "내가 산을 향하여 눈을 들리라 나의 도움이 어디서 올까 나의 도움은 천지를 지으신 여호와에게서로다"

95 이것은 지난 주일에 들은 설교를 중심으로 생활에서 실천한 이야기를 보고하는 시간이다.

96 cf. Jane Rogers Vann, *Worship Matters: A Study for Congregations* (Westminster: John Knox Press, 2011).

97 독일의 경우에는 토요일이나 다른 날로 어린이 예배 시간을 변경하는 경우가 있다.

98 기도의 형태로는 자신을 돌아보는 기도, 결단하는 기도, 중보하는 기도, 임재를 기다리는 기도, 조명을 위한 기도, 회개하는 기도, 조용히 드리는 기도, 합심하여 제목을 나누며 하는 기도 등 다양하다. 참여형태의 예를 들면 고학년 어린이의 대표기도, 기도문의 교독, 따라서 하는 기도(특히 설교후의 기도), 찬송으로 부르는 기도(주기도문), 짝을 지어 하는 기도 등 많은 가능성이 있다.

2장

주일학교 전통에서의 예배 : 회고와 전망

문화랑

주일학교 전통에서의 예배
: 회고와 전망[1]

문화랑 교수
(고려신학대학원 실천신학)

한국 교회와 주일학교는 밀접한 관계성을 가지고 있다. 한국 선교 초기부터 주일학교가 설립되었고, 주일학교는 기독교가 한국 사회로 스며들어가는데 견인차 역할을 하였다.[2] 주일학교를 통해 많은 어린이들이 교회를 찾게 되었고, 특별히 정치적으로나 경제적으로 불안정했던 시대에 주일학교는 사람들에게 교육의 기회를 제공하며, 배고픈 어린이들에게는 먹을 것을 주는 등 다양한 역할을 감당해왔다. 그 결과 주일학교를 통해 예수님을 믿게 된 어린이들이 많았을 뿐 아니라, 그 자녀들로 인해 교회를 찾게 된 부모님들도 많이 있었다. 그렇기 때문에 한국 교회가 성장의 과정을 걸어온 데에 주일학교의 역할이 컸음을 그 누구도 부인할 수 없다.[3]

그러나 현재 한국 교회는 전반적으로 쇠퇴의 단계에 접어든지 오래이다. 성인 신자의 감소는 물론이고, 교회 내에 젊은이들과 어린 아이들의 숫자가 급격히 감소하고 있다.[4] 한국 최대(最大) 교단이라 불리는 통합측은 이미 50퍼센트의 교회가 주일학교를 운영하지 못할 뿐 아니라, 주일학교가 활성화된 교회를 찾기도 쉽지 않은 실정이다. 이런 상황은 다른 교단들도 마찬가지다. 한국 교회의 주력 세대가 현재 50대 이상이라고 볼 때 앞으로 10년 후에는 교인들의 60-80퍼센트 이상이 55세 이상의 은퇴자가 될 것이며, 전체 기독교인 숫자도 현저히 감소하여 2050년경에는 300만 명 정도가 될 것이라는 비관적인 예상을 하는 학자들도 있다.[5]

어떻게 하면 이런 난국을 돌파할 수 있을 것인가? 2년 전 한국 기독교학회에서는 교회 교육적 차원에서 주일학교의 실태를 분석하고 나아갈 방향을 조사한 적이 있다.[6] 물론 교육 환경의 개선과 교육의 충실성을 통한 접근은 중요한 문제 해결 방안이 될 수 있다. 그러나 주일학교는 교회교육 뿐 아니라 동시에 예배와도 밀접한 관계를 가진다. 아이들은 예배를 통해서 기독교 신앙을 접하고, 신앙의 성장과 성숙을 경험하게 된다. 왜냐하면 결국 예배를 통해 신자는 탄생하고 성숙하게 되기 때문이다.[7] 그러므로 주일학교의 발전적 미래를 위해 예배학적 차원의 연구가 필요하다. 본 논고에서는 이를 위한 첫 번째 발걸음을 내딛고자 한다. 예배학적인 관점에서 과거 주일학교의 예배의 형식과 거기에 담긴 신학적, 실천적 함의에 대해 살펴본 후, 현재의 상황 속에서 주일 학교의 예배가 어떤 방향으로 나아가야 학생들의 신앙 발달과 성숙에 영향을 줄 수 있을 것인지에 대해 고찰해보고자 한다.

주일학교 역사 속에서의 예배의 형태

영국과 미국에서 시작되었던 주일학교는 일종의 복음주의적 혁신(evangelical innovation)이었다. 전통적인 교회의 예배와 교육 프로그램 속에서 태동한 것이 아니라, 평신도들이 복음적인 열정을 가지고 당시 사회 운동의 일환으로 태동한 것이 바로 주일학교 운동(Sunday School Movement)이다.[8] 그렇기 때문에 주일학교의 일차적 관심은 예배에만 있었던 것이 아니고 "공부"나 "공작", "놀이"등과 같은 활동도 포함한 교육 전반에 있었다고 볼 수 있다.[9] 그러므로 지금껏 수많은 기독교 교육사와 주일학교에 대한 서적들이 쏟아져 나왔지만, 주일학교의 예배가 어떠했으며 어떤 순서(ordo)들을 가졌는지를 기록한 책들을 발견하기가 쉽지 않다. 그러나 일반적으로 이 운동이 복음주의 운동에서 나왔기 때문에 대체로 예배순서는 전형적인 복음주의 예배의 패턴(typical evangelical worship pattern)을 취한다고 말할 수 있다. 1872년부터 1900년대 중순까지 사용된 통일 공과(The Uniform lesson)에서 예배 순서를 확인할 수 있다.[10] 기도, 노래, 성경 봉독, 간단한 해설, 헌금, 찬송, 기도와 같은 순서로 예배를 드렸으며 그 후 자신들의 자체적 모임 시간을 가졌다. 이것은 일종의 공부를 위한 반모임(Study class)이었다. 성경 구절들을 암송하고, 배웠던 것을 요약하고, 기독교인의 사명과 헌신(christian mission and commitment)에 대해 요청하며 모임을 마쳤다.[11] 이러한 예배의 패턴과, 순서, 요소는 이후 주일학교 예배 형식의 기본적인 골격을 형성하였다. 어느 시대, 어느 나라든지 주일학교의 예배의 형식은 위의 것에서 크게 벗어나지 않는다고 볼 수 있다.

예배적 차원에서 주일학교 운동의 특징적인 공헌은 수많은 찬송가와 노래를 만들어 냈다는데 있다. 어린이들의 예배를 위한 수많은 곡들과 찬송가 모음집이 세상에 나오게 되었다. 주일학교 성공과 확산에 새로운 찬송이 미친 영향은 지대하다. 주일학교 찬송가의 특징은 대중성에 있었다고 볼 수 있다. 찬송의 운율과 가락은 대중들에게 친숙하였고, 그 덕분에 거기에 내포된 찬송의 가사는 사람들의 마음에 새겨지게 되었다. 찬송가의 가사는 다양하였다. 성경과 삶 가운데서 신자가 가질 수 있는 여러 가지 고민들, 교리적 주제들의 풍성한 가사들은 친숙한 곡조 속에서 신자들의 입술과 마음속에서 울렸고, 미국과 전세계로 퍼져 갔다. 세계적으로 유명한 찬송가인 "예수 사랑하심을"도 원래 윌리엄 브래드베리(William R. Bradbury)가 주일학교를 위해 만든 노래이다. 단순한 음율의 노래이지만 그 가사는 주일학교 학생들의 입술을 거쳐 어른들에게도 퍼져 나갔다. 주일학교의 "활기찬 노래"들은 사람들에게 친근히 다가갔고, 그 가운데의 가사들은 신앙을 고무하는 교육적 효과를 발휘했다.[13]

초기 주일학교 예배의 특징을 살펴보면 형태는 전반적으로 단순하며, 일반인들에게 친근히 다가갈 수 있는 전도중심적인 모습을 띄었다는 것이 분명하다. 크게 어렵거나 신학적인 주제를 다루는 것이 아니라, "어린이들의 회심"의 중요성을 가르치며, 교회의 프로그램 속에서 효율적으로 회심과 양육을 감당하는 시스템으로 발전해 갔다고 볼 수 있다.[14] 주일학교 역사의 태동에서도 알 수 있듯이, 경제적으로 어렵고, 교육의 기회가 많지 않으며, 가정에서 기독교 교육을 받지 못하는 상황 속에 있는 어린이라 할지라도, 주일학교를 통해서 기독교의 진리를 배우며, 새로운 기독교 문화 속으로 진입하도록 돕고자 하는 노력들이 주일학교의 예배와 교육의 전반적인 기획과 실천 아래에 담겨 있었다고 볼 수 있다. 그러므로 예전적 예배를 드리는 고교회적 전통의 관점이나, 교리 교육을 강조하는 개혁주의 교단의 입장에서 주일학교의 예배를 바라보면, 예배가 가볍다거나, 예배의 핵심적인 요소가 결여된다거나, 부모와 함께하는 경험이 부족함을 지적할 수 있다. 하지만 역사적으로 주일학교 운동을 통해 얼마나 많은 새신자가 생겨나고 교회가 성장했는가를 살펴볼 때 주일학교가 교회에 주었던 활력을 결코 간과할 수 없다.

주일학교는 전통적 예배의 형식에서 나아가 자신들만의 고유한 예전과 의례를(liturgy and ritual) 창조하는 능력을 보여 왔다.[15] 예를 들면 반별 시상식을 한다든지, 어린이들을 위한 율동과 음악들은 독특한 의례를 통한 그들만의 정체성을 형성하였다고 볼 수 있다. 그러므로 주일학교의 예배는 당시의 시대적 상황과 문화적 상황 속에서 일종의 예배의 토착화(inculturation)를 추구했다고 볼 수 있다.[16] 초대교회부터 지금까지 예배의 역사를 살펴보면, 초대 교회 직후 유럽과, 소아시아, 북아프리카에 걸쳐서 7개의 예전적 가계도(family)가 형성되며 지금까지 발전되어 왔다.[17] 주일학교의 예배형식은 하늘에서 떨어진 것이 아니라, 굳이 형식을 역추적하자면, 서방 예전 가운데서, 19세기 이후 형성된 frontier worship의 영향으로 찬양과, 말씀, 결단이 강조된 형태라고 볼 수 있다.

그렇다면 한국 교회의 주일학교는 역사적으로 어떤 형식의 예배를 드려왔는가? 연동교회에서 2007년에 발간한 "연동주일학교 100

년사(1907-2007)"라는 책은 교회의 역사를 기념하는 단순한 기념문집 이상의 소중한 가치를 가진 책이다. 그 이유는 한국의 대표적인 장로교회 중의 하나인 연동교회가 100년 동안 주일학교를 어떻게 운영해 왔으며, 어떤 문제로 고민했으며, 변화를 경험했는가를 여러 자료들에 근거하여 생생히 제시하고 있기 때문이다. 무엇보다 시대별로 주일학교 부서에서 어떤 형식으로 예배를 드렸는지에 대해 증언하고 있다는 데 그 가치가 높다. 즉 예배의 요소와 순서와 특징을 기록에 근거하여 제시하므로 역사적으로 주일학교 예배의 모습이 어떻게 변천되어 왔는지를 알 수 있는 소중한 자료이다. 물론 연동교회의 주일학교의 예배의 모습이 당시 한국 교회 주일학교 전체를 대표한다고는 볼 수 없다. 그러나 우리는 이 자료를 면밀히 살펴봄으로 주일학교 예배에 대한 귀중한 정보와 통찰력을 얻을 수 있다.

Case Study: 연동교회 주일학교 예배의 변천사

연동교회의 주일학교는 1907년 5월 5일(주일)에 시작하였다. 교회에 모여서 예배를 드린 후 분반공부와 문답공부, 간혹 동화를 들려주는 전형적인 주일학교의 형태로 시작했다. 한국주일학교협의회가 1912년에 조직되었고, 세계주일학교 연합회 한국 지부가 1908년에 조직되었으니 연동교회의 주일학교는 한국 교회 가운데서도 굉장히 앞서갔다고 평가할 수 있다.[18] 1907년도부터 1930년까지 어떤 형식으로 주일 예배를 드렸는지에 대해서는 아쉽게도 기록이 남아 있지 않다.[19]

대신 1931년 10월 12일 "주일학교 진흥 주일"의 기록이 남아 있다. 주일 오전 고등부, 청년부, 장년부가 함께 드렸던 예배는, "주악, 시편 낭독, 찬송, 기도, 성경 낭독, 광고, 헌금, 특별찬양, 설교, 기도, 특별찬송(찬양대), 송영, 축도"의 순서였다. 오후에는 유치부, 초등부, 소년부, 중등부가 함께 예배를 드렸는데 그 순서는 "주악, 성경 낭독, 찬송, 기도, 노래, 유희, 합창, 암송, 설교, 기도, 헌금, 합창, 유희, 독창, 유희, 합창, 축도"의 순서였다.[20] 고등학생 이상이 참여했었던 오전 예배에 비해 어린이들이 참여했던 오후 예배는 조금 더 다양한 순서들이 포함되어 있음을 알 수 있다. 이 순서들은 매주 예배의 형태가 아닌 주일학교의 발전을 위한 특별 주일 형식의 예배 순서이므로 매주 주일학교 예배의 모습이 어떠했다고 판단하기에는 어려움이 있다. 그러나 당시의 예배는 일정한 형식이 갖추어져 있으면서도, 특별 프로그램인, 성경 암송, 유희 등이 들어가 있는 것으로 보아, 주일학교 학생들의 특성을 고려한 예배를 기획했다고 볼 수 있다. 예배의 요소들을 세부적으로 어떻게 진행했는지를 자세히 볼 수 없는 부분은 아쉬운 점이라 할 수 있다.

1931년의 독특한 변화는 연동교회 당회에서 "소아 예배"를 승인한 것이었다. "소아 예배"란 주일학교의 다른 명칭으로 어른들과의 통합 예배가 아닌, 주일학교 자체의 예배를 의미한다. 12월 6일부터 어린이를 위한 예배로 따로 모였다.[21] 특이한 점으로는 이때에도 이미 영아부가 존재했다는 것이다. 지금으로부터 약 85년 전에도 초등학생 뿐 아니라 영아 시기의 특수성을 인지하고, 그들의 발달과 성장을 위한 특별 부서를 만들어서 예배를 드렸다는 것은 굉장히 흥미로운 일이라 할 수 있다.

1945년 해방 무렵의 주일학교의 모습을 살펴보면, 어린이들은 교회에 모여 먼저 예배를 드리고, 선생님들의 지도를 따라 분반공부를 했다. 그리고 출석을 부르고 요절지와 헌금을 내면 서기가 그것을 거두어 각반 성적을 매겼다. 그동안 어린이들이 문답공부를 하고 동화를 들을 때도 있었다. 그리고 우승반을 시상하고 찬송을 부르고 주기도문으로 마치는 것이 통상적인 일과였다.[22] 출석, 요절, 헌금 등의 항목에 대한 평가와 시상은 매주일 행해졌을 뿐 아니라 1년 전체를 두고 연말에 행해지기도 하였는데, 이것은 어린이들에게 큰 동기부여를 제공하였다. 단순히 예배 출석과 감사의 표현, 그리고 성경 말씀의 암송을 강요한 것이 아니라 시상을 통해 보다 능동적인 참여를 이끌어낸 것은 어린이들의 발달단계에 있어서의 특성을 잘 반영한 시도로 보여진다.

이 시기의 찬송은 현재명 선생이 편곡한 "어린이 찬송가"(1936)를 사용하였다.[23] 이전에도 어린이 찬송가가 있었지만 현재명 선생이 정리했던 찬송가는 당시 여러 주일학교에서 보편적으로 사용되었다. 어린이의 눈높이를 고려하면서도 신앙생활과 성경내용의 핵심적 내용을 노래로 부르면서 어린이 찬송가는 어린이들의 신앙형성과 성장에 큰 기여를 하게 되었다. 이미 해방 전후의 시기에 한국의 주일학교는 어린이들과 어른들의 발달적, 수준적 차이를 인지하고 어린이들의 눈높이에 맞는 예배와 교육을 실시하려고 했다는 점은 높이 평가 받을 만 하다고 본다.

이후 1957년도 기록에 나타난 주일학교 예배 순서는 "묵도, 기원, 송영, 찬송, 교독문, 기도, 찬송, 성경, 말씀(부장), 헌금, 기도, 송영, 광고, 찬송, 기도, 주기도문" 순이었다. 이때까지 주일학교의 자체 예배 순서와 요소들은 장년예배의 그것에 준했다고 기록하고 있다. 그 이유는 "어린이가 장성한 후에도 어른 예배에 익숙해지도록 하기 위함"이라고 밝히고 있다.[24] 짧은 언급이지만, 당시에도 주일학교에서 성장한 어린이들의 공예배(public worship) 적응 문제들이 있었던 것으로 보인다. 이것은 비단 연동교회나 당시 한국교회들의 주일학교에 국한된 문제가 아니라 주일학교가 있었던 영미권의 여러 교회들이 경험했던 문제이다. 또한 현재의 주일학교도 주일학교를 졸업한 학생들이 이후 어른들과의 세대의 격차로 인해 공예배에 적응하지 못하고 교회를 떠나는 경우들도 비일비재하다. 그런데 연동교회는 일찍이 어른들의 예배와 주일학교 예배의 차이를 좁히기 위한 대책으로 어른과 함께 예배드리는 것보다 주일학교 자체 예배를 어른 예배와 비슷하게 만들어서 그 간격과 충격을 극소화하려 했다는 점이 흥미롭다. 분명 공예배의 구조 안에는 예배의 핵심적인 요소들이 존재한다. 예를 들면, 예배로의 부름, 기원, 신앙고백, 찬송, 설교, 송영, 기도 등과 같은 요소들이다. 이런 요소들을 무시하지 않고 어린이들이 또래집단이 함께하는 자체 예배를 통해 경험하면서, 그들이 자연스럽게 공예배의 내용과 흐름을 익히는 교육적 효과를 누릴 수 있었던 것으로 보인다.

이후 주일학교의 학생들은 교회의 주일학교 안에서, 때로는 어른들과 주일 오전에 예배를 함께 드리기도 했지만, 결국은 공예배에서 분리된 자체 예배를 드렸다. 재미있는 기록이 나와 있는데, 1986년 1월 고등부의 자체 예배가 폐지되고 학생들이 공예배에 통합되었을 때 150-200명 모였던 학생수가 40-50명으로 줄었다는 것과, 이후 1993

년 자체 예배가 회복되고 나서 부서의 활력이 회복되었다는 것이다.[25] 교회마다 형편이 다르고 다양한 실천신학적 해석이 가능할 수 있겠지만, 이 기록은 부서의 자체 예배와 모든 세대가 함께 하는 세대통합 예배 논의에 시사하는 바가 있다고 하겠다. 교회 안에는 신자들의 자녀들도 많이 있지만, 한국적인 상황(context) 안에서 불신 가정에서 출석하는 주일학교 학생들이 많이 있다. 연동교회의 경우 자체 예배가 폐지되었을 때 불신 가정에서 출석하는 학생들이 공예배에 적응하는 것이 쉽지 않았던 것으로 보인다. 그것은 비단 연동교회 뿐 아니라 어느 교회든지 보편적으로 경험할 수 있는 일이다. 또한 신자의 자녀들도 어릴 때부터 훈련이 되지 않으면 공예배에 참여하는 것에 대한 부담감을 가질 수 있다. 연동교회의 기록은 자체 예배가 회복되고 여러 가지 측면에서 고등부가 활기를 찾았다는 언급을 하는데, 이것은 부서 자체 예배가 줄 수 있는 긍정적 측면을 언급한 것이라 볼 수 있다. 세대통합 예배와 부서의 자체 예배는 각각 장단점을 가지고 있다. 이것을 비교하고 교회의 형편에 맞추는 것이 중요하다고 본다.[26]

이후 70년대, 80년대의 기록은 예배순서와 예배형태에 대한 관심보다는 주일학교에 어떤 교육 프로그램이 도입 되었고, 어떻게 교회학교가 조직화되었는가에 초점(focus)을 맞추고 있다. 연동교회 주일학교의 경우, 예배의 자리에서 삶의 자리로 나아갈 수 있도록 다양한 사회봉사 활동의 기회를 제공한 것이 특징이라 할 수 있다. 학생들은 예배를 통해 배웠던 하나님 사랑과 이웃 사랑의 정신을 사회 속에서 구현하는 법을 배울 수 있었다. 마치 최근의 예배학의 중요한 주제 중 하나인 예배의 자리에서 사회 변화와 윤리적 차원으로 나아갈 수 있도록 주일 예배와 이후 활동을 연결시키려고 하는 노력이 돋보인다.[27] 이후 1990년대의 기록으로 들어오면서 교회학교 각 부서별로 어떤 형식과 순서로 예배를 드리는가에 대한 상세한 자료들이 나와 있다.

　1991년 1월 20일 아동부 예배 순서는 다음과 같다. "광고, 표어 제창, 묵도, 신앙고백, 성시교독, 찬송, 기도, 헌금, 헌금기도, 성경봉독: 어린이 대표, 성가대의 찬양, 설교, 찬송, 주기도문, 폐회"[28] 어린이를 위한 예배이지만, 공예배의 순서와 크게 차이가 없고 전통적인 예배 요소들을 많이 포함하고 있음을 볼 수 있다. 재미있는 것은 성경 봉독을 어린이 대표가 한다는 점이다. 주일학교에서는 보통 어른 설교자가 본문을 읽거나 어린이들이 한 목소리로 읽는 경우가 많은데 성경 봉독을 어린이 대표가 낭독하면서 성경 말씀은 단순히 설교의 본문이 될 뿐 아니라 하나님의 말씀이며 그것의 선포가 중요하다는 것을 배울 수 있었을 것이다.

　1996년 1월 14일 소년부 예배순서는 다음과 같다. "찬양, 예배의 부름, 교독문, 신앙고백, 찬송, 성경 봉독, 기도, 헌금, 헌금기도, 찬양, 말씀, 큐티발표: 어린이 대표, 찬송, 축도, 광고"[29] 학생의 큐티 발표가 들어간 것은 독특한 예배의 순서인 것 같다. 아무래도 당시 한국 교회에 불었던 큐티 열풍의 영향을 받았을 수도 있다. 그러나 전체적인 순서는 전통적인 예배에서 크게 벗어나지 않았다.

　2003년 1월 5일 유치부의 예배순서는 다음과 같다. "묵도, 신앙고백, 찬송, 봉헌, 기도, 성경봉독, 찬양, 말씀, 찬송, 축도."[30] 유치부의 예배도 적절한 형식과 예배의 요소들이 포함되어 있음을 발견할 수 있다. 2007년 12월 16일 고등부 예배 순서는 다음과 같다. "전주 및 입장, 예배 선언(요 13:34-35), 찬양대의 화답송, 기원, 참회의 시간(참회의 고백과 사죄의 선언), 신앙고백(사도신경), 경배와 찬양, 학생의 대표기도, 주기도, 성경봉독(마 13:13-16), 찬양: 찬양대, 설교, 찬송, 봉헌 및 마침 기도, 송영, 광고 및 축하, 소그룹 모임."[31] 고등부 예배 순서 앞부분에 종교개혁자들의 예배 유산중 하나인 참회의 고백과 사죄의 선언이 들어가 있다는 것이 흥미롭다. 칼뱅과 부처의 예전에서 발견되는 이 순서를 통해 고등학생들은 예배의 깊은 의미를 배울 수 있었을 것이다. 그 다음에 신앙고백과 경배와 찬양이 나오는데, 신학적인 의미를 두자면, 사죄의 선언 이후 구원받은 자의 기쁨으로 신앙을 고백하고 하나님을 찬양하는 흐름으로 예배가 나아갔음을 발견할 수 있다.[32] 설교 순서 이후의 봉헌은 말씀에 대한 반응으로서의 의미를 가지고 있다. 주신 말씀에 대한 감사의 반응과 표현으로서 이해할 수 있다.

2004년에 소년부에 획기적인 예배의 변화가 일어난다. 그것은 그 당시 한국에 유행했었던 메빅 예배의 시행이었다. 메빅(MEBIG)은 Memory, Bible, Game의 머리글을 따서 만든 신조어이다. 말씀을 암송하며(Memory), 말씀, 찬양, 기도에 충실한 예배를 드리며(Bible), 즐겁고 신나는 놀이(game)을 접목시킨 새로운 예배의 형태이다. 일본에서 곤베이에 의해 시작되었고, 한국에 도입되었다.[33] 연동교회의 기록에는 메빅 예배로 바뀐 후 주일학교가 얻었던 인원수의 증가와 활기에 대해 기록하고 있다. 당시 메빅 예배는 연동교회 뿐 아니라 전국적인 인기와 관심을 얻었다. 메빅 예배는 2005년 이후에도 월 1회 시행되고 있다고 보고한다.[34] 이후 연동교회에서는 월 3회는 전통 예배 형식, 그리고 마지막 주는 "새 친구 초청 열린 예배"의 형식으로 전통적 예배 형식이 줄 수 있는 경건성을 존중하면서 동시에 어린이들의 눈높이를 존중해 이 둘의 장점을 접목하고자 하는 노력을 했음을 기록한다.[35] 당시 메빅이 선풍적인 인기를 끌고 있었지만, 연동교회는 예배에 있어서 새로운 요소들을 도입할 때 신중히 살펴보고 기존의 예배와 조화시키려는 시도를 한 것으로 보인다. 이것은 예배와 예전의 변화가 예배 가운데 일어날 때 청중의 수준과 반응을 살펴보면서 부작용과 충격을 최소화하고 일종의 문화화(inculturation)를 통해 자연스럽게 정착시키려는 노력으로 평가될 수 있다.

예배학적 관점에서의 분석

서론에서 필자는 미국과 영국의 주일학교 관련 서적 속에서도 교육과 프로그램에 대한 기록은 있지만 예배의 모습에 대한 언급을 거의 발견하기 어렵다고 말했다.[36] 그래서 지난 100년간의 주일학교 자체 예배의 모습을 복원하는 것은 결코 쉬운 일이 아니다. 이런 면에서 연동교회 주일학교 100년사는 한국 주일학교의 시작부터 지금까지의 역사를 담고 있다는 측면에서 굉장히 귀한 사료임에 분명하다. 무엇보다 교회에서 각 시대별로 드렸던 예배의 형태에 대한 관심을 가지고 기록물을 남겼다는 것, 그리고 그것을 책 속에서 자세히 다루었다는 것은 세계 주일학교 역사 속에서도 굉장히 희귀한 일이라고 볼 수 있다. 비록 한 교회의 제한된 자료지만 위의 사례 연구가 우리에게 시사하는 바가 분명히 있다. 그 점을 아래와 같이 정리 할 수 있다.

주일학교 자체 예배와 세대 통합 예배

첫 번째로 주일학교가 자체적으로 예배를 드릴 것인가, 아니면 어른들과 함께 예배를 드릴 것인가에 대한 문제가 오래전부터 있었다는 점이다. 한국 교회의 특성상 불신가정에서 출석하는 어린이들이 많이 있었고, 그 외에도 주일학교 자체가 가지는 특성상 학생들의 공예배 참여가 활발하지는 않았던 것 같다. 일반적으로 한국 장로교회에서 중학생 이상은 공예배에 참석해야 함을 권유하며 주일학교의 자체 예배 안에서도 당회원이 참석해야 함을 언급하고 있으나 그것이 현장에서 준수된 것 같지는 않다.[37] 한국의 경쟁적인 입시제도 하에서 신자들의 자녀라 할지라도 공예배와 자체 예배 모두 참여하는 비율이 높지 않다. 신자 가정의 자녀들도 주일에 학원을 가는 경우가 많아서 자체 예배 또는 공예배 중 하나만 참석하는 경우가 많이 있다. 그러니 아이들은 공예배를 경험하지 못할 뿐 아니라 공예배 안에서의 성례도 경험하지 못한 채 성인이 된다. 주일학교와는 다른 내용과 수준의 설교, 찬송, 성례들을 갑자기 경험하면서 그들은 교회 안에서 예배와 문화의 세대차를 느끼게 되고, 교회를 떠나거나 아니면 청년 예배를 신설하여 예배를 드리는 실정인 교회들이 많이 있다.

어른들과 함께 예배를 드리는 것은 성경적 언약의 개념에 충실한 예배의 형태이다. 구약 성경의 다양한 본문들, 예를 들면 신명기 29장 10-11절, 여호수아 8장 35절, 느헤미아 8장 3절, 시편 148편 12-13절은 언약의 갱신의 자리에 어린이들과 온 가족이 함께했음을 보여준다. 출애굽기 12장과 같은 본문에서는 어린이들이 절기에 참여하여 때때로 아버지에게 절기와 신앙의 내용에 대한 질문을 하고, 예배와 절기를 배울 수 있는 계기가 되었음을 보여준다.[38] 그러나 주일학교의 역사적 기록들을 살펴보면 주일학교가 태동하고 발전한 현장에서는 세대 통합적 예배보다는 세대가 분리된 예배의 형태로 정착하게 되었음을 보여준다. 여기에는 다양한 이유가 있을 것이다. 세대 간의 문화 차, 인지능력과 발달의 차이, 어른 설교의 깊이를 따라가지 못할 때 어린이들이 힘들어하며 예배에 대한 부정적인 인식을 가지게 되는 것, 그 외에도 현장에서 발생할 수 있는 여러 문제들이 복합적으로 얽혀있을 것이다. 그런데 흥미로운 것은 연동교회의 자료에서는 어른들과의 통합 예배로 오히려 주일학교가 위축되었다는 뉘앙스를 풍긴다는 것이다. 기록에는 상세한 이유가 나와 있지 않지만, 한국적 형편 속에서 불신 가정에서 나오는 어린이들이 많기 때문이었을 수도 있고, 주일학교만이 가지고 있는 역동성과 활력이 통합 예배 속에서는 발현되지 않았을 것이라고 조심스럽게 추측해볼 수도 있다. 예배는 일종의 언약갱신이며 이 예배에는 모든 언약의 자손들, 모든 세대가 함께 해야 한다는 것은 성경적인 지지를 받는 것이 분명하다.[39] 그러나 세대 통합 예배를 강조하면서 주일학교가 가지는 장점들을 무시하거나 그것을 폐지하는 것은 지혜롭지 못한 선택임에 분명하다. 주일학교는 18세기 이후 단순히 교회학교의 한 프로그램이 아니라 성장과, 양육, 예배를 아우르는 포괄적인 체계로 토착화(inclutrated) 되었다. 그래서 이미 한국 교회에 이식되어(transplanted) 유기적 체계(organic system)로 정착된 상태이다. 그러므로 주일학교만, 혹은 세대통합 예배만 옳다고 외칠 것이 아니라, 주일학교의 장점과 세대통합 예배의 장점을 살릴 수 있는 지혜가 필요하다. 이것은 교단과 개교회가 처한 상황 속에서 실천적인 지혜를 발휘할 때 가능하다. 위의 사례 연구를 통해서 볼 때 연동교회는 주일학교의 자체 예배 속에서도 어른들이 드리는 공예배의 요소들을 많이 포함시켜서 이들이 자랐을 때 공예배에 이질감을 느끼지 않도록 노력하는 모습들을 많이 내포하고 있었다. 불신 가정의 어린이들이 공예배에 참여하기가 쉽지 않다면, 주일학교 예배를 성경적이면서도 풍성하게 드리므로 세대의 격차를 줄일 수 있는 방법이 존재할 수 있을 것이다.[40]

전통적 예배 형태와 현대적 주일학교 예배 형태

두 번째로, 2004년 메빅의 도입 이후, 어린이들 수준에 맞춘 여러 가지 예배의 형태가 등장하고 있는데, 연동교회의 경우 주일학교 안에 새로운 바람이 불었고 활력과 전도에 도움이 되었음을 보고하고 있으나, 아쉽게도 2007년까지의 모습만을 볼 수 있고, 이후의 상황에 대해선 알지 못한다. 2004년 이후 한국 교회에는 메빅, 윙윙(WINGwing), 와우큐키즈(WowQkids) 등의 현대적 주일학교 예배가 도입되고 있다.[41] 이러한 접근은 예배를 어린이들 수준에 맞추고 흥미를 중심으로 주일학교를 이끌며 대중문화의 긍정적 요소들에 열려 있다고 볼 수 있다. 전통적인 예배의 엄숙함과 고백적인 무거움 대신, 가볍고 축제적인 예배스타일이 특징이라 볼 수 있다.[42] 이러한 예배 스타일이 전도에 도움을 준 긍정적인 측면이 있으나, 예배의 본질에서 벗어난 소비자 중심적인 예배의 모습을 보인다는 결정적인 단점이 존재한다. 때때로 그런 형태의 예배가 퀴즈쇼와 같은 일종의 오락화(entertainment)된다는 측면에서 심각한 문제를 내포하기도 한다. 마르바 던(Marva. J. Dawn)은 예배가 과연 무엇인가를 논하면서, 하나님이 예배의 무한 중심이며, 진정한 예배는 "우리가 하나님의 광휘에 휘감기는 것"이라고 지적한다.[43] 새로운 형태의 예배가 도입되는 것 자체가 나쁜 것은 아니다. 그런데 마르바 던의 지적과 같이 "예배란 과연 무엇인가"라는 생각이 우리의 시도 가운데 늘 자리 잡아야 할 것이다. 예배라는 행위를 통해 사람의 신앙은 형성된다.[44] 그러므로 어떤 내용으로 예배를 드릴 것인가는 중요한 문제이다. 북미의 루터파 예전학자인 고든 래스롭(Gordon Lathrop)은 말씀과 성찬을 "central thing"으로 보면서 이것을 중심으로 예배의 요소들, 예를 들면, "예배로의 부름", "송영" "신앙고백" "찬송" "봉헌" "강복선언" 등이 병치되며, 이것들이 신앙의 큰 틀을 형성한다고 주장한다.[45] 그러므로 교회가 전통적으로 드려온 예배 속에서의 예배의 요소들은 죽은 전통이 아니라 수천 년 예배 역사를 통해 내려온 신앙의 선배들의 지혜가 담겨있는 것이라 볼 수 있다. 그러므로 우리는 예배의 상황화(contextulization)를 고려해야 하지만, 동시에 예배의 본질, 예배의 성경적 요소들에 대한 관심과 균형을 늘 견지해야 한다고 본다. 한국 교회의 상황 속에서 불신 가정의 어린이들 뿐 아니라 기존 신자들의 자녀들도 공예배 참여율이 극도로 저조하다고 볼 때, 현대적 예배가 강화된다면 단기적으로 예배의 활기와 전도의 효과를 거둘 수 있겠지만, 장기적으로 볼 때 어른들과 자녀들의 예배와 문화에 대한 세대차(generational gap)가 더욱 심화될 것은 분명하다.

주일학교 예배의 예전적 요소

세 번째로, 1960년대 제2차 바티칸 공의회 이후 범세계적인 예전 갱신 운동의 영향으로 예전적 예배(liturgical worship)와 성례에 대한 관심이 증가하고 있는데 연동교회의 주일학교 속에서는 예배의 형식과 요소에 대한 깊은 이해가 있는 것으로 평가된다. 주일학교의 자체 예배에서도 예배로의 부름, 참회의 기도, 사죄의 선언 등과 같은 순서가 있었다는 것은 다른 주일학교에서 발견하기 쉽지 않았다고 볼 수 있다. 아무래도 통합측에서는 정장복 교수 이후에 주승중, 김운용, 김경진 교수와 같은 예배학자들이 있었기 때문에, 타교단에 비해 서구의 예전적 전통에 대한 이해가 깊었을 것이다. 또 미연합장로교회(Presbyterian Church in the USA)와의 교류는 예배와 예전에 대한 이해도를 더 높이지 않았는가 생각한다. 그러나 연동교회 주일학교 100년사에서 성례에 대한 기록이 있지 않다는 것은 아쉬운 부분이다. 주일학교에서 자란 어린이들이 어떻게 신앙 교육을 받고, 학습, 세례, 입교를 준비했는가에 대한 기록이 있었다면 보다 완벽하지 않았을까 생각해 본다. 근래에 북미의 여러 교단에서는 정신지체 장애인과 어린이의 성례 문제가 대두되고 있는데, 연동교회를 비롯한 통합 교단에서는 앞으로 주일 공예배와 주일학교 예배가 어떤 연관성 속에서, 어떤 모습으로 발전해야 할 것인지를 연구해야 할 것이다.[46] 공예배의 참여가 없다면 분명 어린이들과 지적 장애인들은 성례를 경험할 기회가 없을 것이다. 성례는 공예배의 참여 속에서 제대로 배울 수 있다. 세례와 성찬은 그 내용을 교리 문답서 공부를 통해 배울 수 있지만, 실제 예배의 현장에서는 보다 생생한 교육의 기회를 제공한다. 그러므로 앞으로 주일학교 학생들도 참여를 통해 공예배와 성례를 배울 수 있는 기회들이 충분히 제공되도록 신경 써야 할 것이다. 무엇보다 이슈가 될 수 있는 문제는 "성찬"이다. 일반적으로 지적 장애를 가진 분들에게 세례를 준다는 데는 크게 이견이 없는 듯하다. 특히 신자 가정에서 태어난 지적장애인이라면 언약의 포괄성의 차원에서 유아 세례를 주는데 전혀 문제를 제기하지 않을 것이다. 그러나 성찬의 문제라면 목회자와 학자들의 생각이 달라질 수 있다. 왜냐하면 일반적으로 세례는 "입문", "신앙의 시작"으로 간주된다면, 성찬은 "영적 성숙과 성장"과 연관시켜 철저한 신앙고백이 요구된다고 여겨지기 때문이다.[47] 그러나 본 연구에서 이것들의 신학적인 문제를 자세히 다룰 수는 없다.

주일학교 예배 전망: 세대 통합 예배와의 조화를 꾀하며

많은 사람들은 최근 주일학교의 쇠퇴의 주요한 원인이 주일학교의 교육과 문화적 수준이 세상보다 뒤쳐져 있기 때문이라고 주장한다. 그러나 주일학교 역사를 살펴보면 이것은 100년 전에도 대두되었던 문제이다. 심지어 미국의 라이프 지에서는 주일학교가 "주중에 가장 쓸모없는 시간"으로 평가되기도 하였다.[48] 그때에도 이미 주일학교의 프로그램은 공립학교의 프로그램에 밀리는 형국이었다. 교회학교의 교육적 프로그램과 교육방법의 개발이 중요하지만, 이미 세속화된 세상 속에서 교육적 경쟁력으로 세상과 승부하는 것은 지난 100년의 역사가 보여주듯 늘 힘에 겨운 싸움이 될 것이 분명하다. 그렇다면 대안은 존재하지 않는 것인가? 교사의 열심에 호소하거나, 무기력하게 한 주 한주를 겨우 버티는 방법 밖에는 없는 것인가?

최근 들어 주일학교 제도가 많은 장점이 있지만, 한 세대의 신앙을 다음 세대로 효과적으로 전수하는 데에는 예배학적인 접근이 필요하다는 인식이 한국 교회에서 공감대를 얻고 있다.[49] 주일학교는 어린이들의 눈높이에 맞춘 예배와 발달 단계를 고려한 교육 시스템을 제공한다는 점이 장점이다. 하지만 주일학교와 성인 예배의 문화적, 예배적 수준의 차이로 인해 주일학교 졸업 이후 교회를 떠나는 경우들이 많다는 점이 단점이다. 이에 한국의 여러 교회들은 부모와 자녀들이 함께하는 세대 통합 예배를 대안으로 제시하며 교회의 사정에 맞게 시행하고 있다.[50] 사실 이것은 1970년대 미국의 교육학자 존 웨스트호프(John Westerhoff)에 의해 이미 주장되었던 내용이다. 존 웨스트호프는 주일학교의 교육 제도가 학교제도와 같이 지식 전달에 초점이 맞춰져 있다고 보고, 그것이 온전한 신앙 형성과 발달에 효과적이지 않다고 주장하였다. 그 대안으로 웨스트호프는 할아버지 세대, 부모 세대, 아이들이 함께하는 삼 세대가 함께 예배를 드림으로, 신앙이 자연스럽게 전수될 수 있다고 주장했다.[51] 특히 예전과 의례에 대한 관심을 가지고 예전적 예배는 공동체의 신앙 발달에 필수적임을 역설했다. 즉 웨스트호프는 참여를 통해, 그리고 행함을 통해 거기에 내포된 지식(hidden curriculum)을 배울 수 있다는 데 초점을 맞추었다고 볼 수 있다.

사실 교육이란 의도적인 가르침과 비의도적 가르침이 함께 상호작용을 하는 것이다.[52] 학생들은 의도적인 가르침을 통해서 기독교의 진리를 배우지만, 참여를 통해 자연스럽게 기독교 예배의 본질과 신앙의 의미를 배우기도 한다. 그래서 또래 학생들의 모임에서 배울 수 있는 부분들이 있고, 또한 공예배의 상황 속에서도 많은 것들을 배울 수 있는 부분들이 있다. 그러므로 세대통합 예배는 비의도적 가르침이 줄 수 있는 유익들을 내포하고 있으며, 배움의 또 다른 기회를 줄 수 있다고 볼 수 있다.

그러나 필자는 세대 통합 예배만이 옳다고 생각하지 않는다. 세대 통합 예배 역시도 그런 장점에 비해 단점이 있다. 세대 통합 예배는 자연스런 신앙 전수의 장점이 있으나 의도성을 상실한 교육은 때때로 비효율적일 수 있는 단점이 있다. 예를 들자면 어린이들은 교리적 용어와 내용에 익숙하지 못하다. 그러므로 설교자의 말을 이해하는 부분들도 있지만 자세하게, 또한 쉽게 설명이 필요한 내용들이 존재한다. 예를 들면 '성육신', '삼위일체', '속죄', '대속', '양자됨'과 같은 신학적 주제들은 주일학교의 눈높이에 맞게 다양한 교육적 매체 속에서 설명될 필요가 있다.[53] 세대 통합의 환경 속에서 설교자들은 이러한 주제를 일일이 설명하기도 쉽지 않을뿐더러, 설명할 수 있다 할지라도 전체적인 설교의 방향이 길을 잃을 수 있는 위험성이 존재한다. 세대 통합 예배가 성경적, 신학적인 근거로 이상적인 예배의 형태지만, 예배에 대한 교육과 세대통합적 요소들이 결여될 때 어린이들은 예배에 적응하기보다 인내심을 기르는 시간으로 간주할 수 있는 부작용이 발생할 지도 모른다.

그래서 어린이들이 예배의 구경꾼이 아닌 능동적인 참여자로 (active participants) 만들기 위해 각별히 설교자와 예배기획자, 부모의 상호 도움이 반드시 필요하다.[54] 특히 앞서 살펴본 대로 주일학교 제도는 한국 교회의 역사 속에서 토착화되었기 때문에 그것을 쉽게 변경할 수 없는 상황이다. 그렇다면 지금이라도 각 교단에서는 교단의 신학자들과 교육학자들이 모여 앞으로의 예배와 주일학교의 조화를 꾀하는 큰 그림을 그려야 한다고 본다. 그렇다면 어떻게 하면 공예배와 주일학교 제도의 조화를 꾀할 수 있을까?

먼저 주일학교 교육 가운데 공예배의 요소와 의미에 대한 교육들이 선행되어야 한다. 예배의 요소가 무엇인지, 그것의 의미가 무엇인지에 대해서 배울 수 있는 기회를 준다면 분명 공예배의 참여시 큰 도움을 받을 수 있다. 연동교회의 경우 "학습 센터"와 "조별학습"이라는 프로그램을 통해 학생들이 예배의 요소와 그것의 의미에 대해 배울 수 있는 효율적인 프로그램을 제시하였다.[55] 교회의 형편에 따라서 주일학교 시간에 예배에 대한 설교를 통해 가르치는 것, 공과 시간에 교사에게 직접 질문을 하며 모르는 부분을 해결하는 것과 같은 방법을 통해 어린이들이 예배를 배우는 것이 필요하다. 때때로 북미의 교회들은 어린이들의 모임 시간에 어른들의 찬송가를 배우고, 함께하는 예배에서 성가대나 특송의 순서를 가지기도 한다. 이런 세대통합적 배움과 경험의 기회가 국내 주일학교에도 필요하다.

둘째, 세대 통합 예배시 설교자들은 어린이들이 이해할 수 있는 쉬운 말들로 말씀과 예배 순서를 준비해야 한다.[56] 물론 설교가 유치해서는(childish) 안 될 것이다. 그리고 어린이들이 찬양대, 기악 연주, 입구에서 주보를 나눠주는 일 등 구체적인 직무를 담당함으로, 그들이 단순한 피교육자가 아니라 예배의 구성원이라는 자부심과 긍지를 심어주어야 한다.

셋째, 주일 오전 예배시간에 세대통합 예배를 드린다면, 어린이들이 어느 순서까지 참석할 것인가에 대한 고려를 해야 한다. 어떤 교회들은 어린이들이 예배의 첫 부분부터 참여하며, 단상 앞으로 나와 어린이 설교를 듣고 자기들의 모임 장소로 흩어지는 경우도 있다. 로마 가톨릭의 경우는 자신들의 모임 장소로 갔다가 성찬의 순서 전에 다시 본당으로 들어오기도 한다. 어떤 교회는 처음부터 끝까지 세대통합 예배로 드리는 경우도 있다. 개 교회는 자신들의 구성원들의 특성과 교회의 형편에 맞게 예배를 구성할 필요가 있다.

넷째, 세대 통합 예배에서는 어린이들을 고려한 세심한 배려가 필요하다. 예를 들면 주보의 경우를 생각해 보자. 어른들을 위한 주보는 어린이들에게 직접적으로 도움을 줄 만한 요소가 많지 않다. 그러나 미국의 많은 교단에서는 세대통합 예배시 어린이들을 위한 주보를 제공한다. 거기에는 예배의 부름, 설교, 봉헌, 강복 선언과 같은 요소들 옆에 그림으로 그 장면을 묘사하며, 간단하게 그것의 의미를 설명하고 있다. 그러므로 어린이는 예배 순서에 따라서 그 요소와 순서의 의미를 알게 되며, 모르는 것은 부모에게 물어볼 수 있는 장점을 가진다. 고령자들을 위한 배려도 필요하다. 연로하신 분들을 위해 큰 글씨로 주보를 제공하는 교회들도 있다. 이 때 각 세대들은 자신들이 이 예배자의 구경꾼이 아니라 환영받고 있으며 소중한 존재라는 인식을 가지게 된다.

다섯 번째, 세대 통합 예배의 도입은 점진적이며 교회의 상황과 형편에 맞아야 할 것이다. 예배의 변화는 시간이 필요하다. 상호 간의 이해와 저변의 확대가 필요하다. 담임 목사의 목회 철학과, 교육 철학을 바탕으로 교회의 여러 직분자들에게 변화의 필요성에 대한 이해와 지지를 얻을 필요가 있다. 무턱대고 주일학교가 필요성을 간과하고 세대통합만을 주장한다면 성도들의 반발을 일으킬 수 있다. 또한 세대 통합 예배가 단시간에 가시적인 성장에 도움을 주지 못할 수도 있다는 생각으로 이것이 필요 없다는 식의 실용주의적 접근(pragmatical approach)은 세대 통합이 줄 수 있는 신앙 전수의 유익과 참여를 통한 배움의 기회를 박탈할 수도 있다.

여섯 번째, 주일학교가 자체로 예배를 드린다면, "어떤 형식으로 예배를 드릴까?"에 대한 교단적 지침과 가이드라인이 있어야 할 것이다. 왜냐하면 현 세대의 문화를 이해한다는 목적 아래 예배의 형식과 요소 자체를 무시할 수 있기 때문이다. 그래서 전도에 도움이 되거나 새신자들의 적응에 효과가 있다는 미명아래 극단적인 소비자 중심적인 주일학교 예배가 지속된다면, 주일학교 이후 공예배 적응은 어려워지고 세대 간의 예배 격차는 더욱 심화될 수 있는 결과가 초래할 수 있다. 예배의 거룩성과 하나님 중심성은 우선적으로 고려되어야할 요소이다. 그렇기 때문에 이런 요소들을 포함하는 교단적 지침과 가이드라인이 필요하다.

그러나 이것이 2000년대 이후에 나타난 주일학교의 현대적 예배가 보여주었던 예배의 활기와 문화화(inculturation)가 준 장점을 무시하자고 하는 것은 아니다. 일반적으로 예전적인 예배의 특징은 엄숙함과 장엄함이 특징이라면 비예전적인 예배, 예를 들면 오순절 예배와 그 영향을 받은 경배와 찬양 운동은 열정적이라는 특징을 가진다. 그러나 각기 이런 예배는 단점도 발견되는데, 예전적 예배는 일반적으로 젊은 세대에 괴리감이 있으며, 비예전적 예배는 필수적인 예배의 요소가 결여되는 것이라고 볼 수 있다. 그러므로 앞으로 한국 교회는 어린이 예배의 발전 방향에 대한 연구와 투자를 통해 성경적이면서도 현시대의 문화적 요소에 둔감하지 않은 예배의 토착화를 이루어야 할 사명을 지닌다.

결론

지금까지 역사적으로 주일학교 예배의 모습이 어떻게 변해왔는지를 문헌 연구와 사례 연구를 통해 살펴보며, 현재 이슈화 되고 있는 세대통합 예배와의 관련 속에서 앞으로의 모습을 전망해 보았다. 주일학교는 한국 교회의 역사와 궤를 같이 하며 현재까지 발전해오는데 큰 동력을 제공하였다. 특별히 한국 교회는 주일학교의 예배의 요소와 순서에 관심을 가지며, 어떻게 하면 주일학교 학생들의 신앙 형성에 도움이 될 것인가를 치열하게 고민해 왔다. 2000년대에 등장하였던 메빅, 와우큐키즈와 같은 예배는 문화적으로 급변한 시대 가운데, 주일학교의 쇠퇴를 극복하고자 하는 노력가운데 발생했다고 볼 수 있다. 그러나 현세대의 문화적 배경을 이해하여 예배의 활력을 제공한다는 장점이 있지만, 예배의 전통과의 많은 차이점으로 인해 결국 장기적인 차원에서는 세대 간의 예배의 격차를 야기 시킬 수 있다는 측면을 생각한다면 이런 예배가 얼마나 생명력을 가지고 지속될지 예측하기는 쉽지 않다.

세대통합 예배는 현 시점에서 주일학교와 공예배의 격차를 줄이는 가장 좋은 대안이 될 수 있다. 그러나 세대통합 예배만 시행한다면, 여러 가지 장점이 있는 주일학교가 주는 유익을 누릴 수 없을 수 있다. 그러므로 주일학교와 세대 통합 예배의 장점을 접목한 예배의 구성이 필요하다. 공예배의 참여를 통한 배움과 주일학교에서 또래 집단을 통한 배움이 함께할 때, 주일학교 학생들은 보다 온전한 신앙 발달과 성장을 경험하게 될 것이다. 이 글은 이런 장기적인 과업의 첫 발걸음의 역할을 한다고 본다. 앞으로는 주일학교와 세대통합 예배의 세부적인 계획과 예배 순서에 대한 연구가 필요할 것이다.

미주

1. 이 글은 장신논단 49호(2017.6)에 실린 것을 수정 보완한 것이다.
2. 김희자, "제2의 주일학교 부흥을 위한 교회교육의 과제," 『신학지남』 (2013,12), 319.
3. 한춘기, 『한국교회 교육사』 (서울: 대한예수교장로회총회, 2006), 56.
4. 박상진, 『교회교육 현장론』 (서울: 장로회신학대학교, 2008), 355-368.
5. 최윤식, 『한국교회 미래지도』 (서울: 생명의 말씀사, 2013), 39.
6. 함영주, "한국교회학교 침체 원인과 다음세대를 위한 교회교육의 방향성," 『교육을 통한 한국교회의 회복』(서울: 한국복음주의신학회, 2015), 27-83.
7. E. Byron Anderson, *Worship and Christian Identity* (Collegeville: Liturgical Press, 2003), 179.
8. C. B. Eavey, *History of Christian Education* (Chicago: Moody Press, 1964), 222-229.
9. Robert W. Lynn & Elliott Wright, *The Big Little School* (Nashville: Abingdon Press, 1980), 18. 주일학교는 선교적 사명을 감당해왔을 뿐 아니라, 사회적 문제에도 관심을 가지며 문맹퇴치와 교육기회의 제공, 자선 활동 등과 같은 사회적 개혁에 큰 공헌을 해왔다. Ibid., 32-33.
10. 통일공과란 미국 기독교교회협의회의 통일공과위원회가 마련한 기준에 의해 여러 교파들의 공동 노력으로 만들어졌다.
11. 초창기 주일학교가 어떤 요소와 순서로 교육과 예배를 진행했는지에 대해서는 다음 논문이 도움이 된다. Stephen Orchard, "From Catechism Class to Sunday School," in *The Sunday School Movement: Studies in the Growth and Decline of Sunday Schools*, ed. Stephen Orchard (Eugene, OR: Wipf & Stock, 2007), 13.
12. Mary C. Boys, *Educating in Faith: Maps and Visions* (Lima, OH: Academic Renewal Press, 1989), 31.
13. Robert Lynn, *The Big Little School*, 70.
14. Mary C. Boys, *Educating in Faith: Maps and Visions*, 31.
15. Robert Lynn, *The Big Little School*, 153.
16. 예배의 토착화 문제에 관해서는 Phillip Tovey, *Inculturation of Christian Worship* (Burlington: Ashgate, 2004), 150-162.
17. James F. White, *Introduction to Christian Worship* (Nashville: Abingdon, 1990), 36.

18　한편 감리교단에 속한 정동교회에서는 1891년 주일학교를 오후 2시 30분에 배재학당에서 실시하였다. 허도화,『한국 교회 예배사』(서울: 한국강해설교학교 출판부, 2003), 65. 1887년 아펜젤러의 예배 기록에 따르면, 어린이들은 예배의 처음 부분에는 부모와 함께 참여하였다가 어른 설교가 시작되기 전 각 교실로 나누어졌다고 한다.

19　1917년 3월 14일자 기독신보에는 주일학교 예배 순서가 등장한다. 순서는 다음과 같다. 묵도, 입장, 자리정돈, 인사, 찬송, 성경낭독, 기도, 찬송, 새친구 환영, 헌금, 공과공부, 찬송, 생일축하, 작별찬송이다. 1929년 6월에 발표된 "공주 주일학교 현황"에 나타난 순서는 다음과 같다. 찬송, 기도, 생일축하, 각반출석, 헌금, 공부, 문답, 암송, 다음 주일 성경 절 수 지정, 각반 성적 보고, 우승기 수여, 동화, 찬송, 광고, 축도폐회" 윤종권, "공주 주일학교 현황,"『주일학교 잡지』(1929.6): 19.

20　연동교회,『연동 주일학교 100년사(1907-2007)』(서울: 연동교회, 2008), 113.

21　연동교회,『연동 주일학교 100년사(1907-2007)』, 116.

22　연동교회,『연동 주일학교 100년사(1907-2007)』, 133-134.

23　그러나 초기 주일학교의 찬송가는 분위기가 어둡고 딱딱하고 어린이들에게 추상적이고 어려운 교리적 용어가 사용되었다는 평가가 있다. 이원일, "초기 주일학교의 교육과정,"『신학과 목회』40 (2013), 290.

24　연동교회,『연동 주일학교 100년사(1907-2007)』, 140.

25　연동교회,『연동 주일학교 100년사(1907-2007)』, 295.

26　세대통합만이 옳다고 주장하며 주일학교는 불필요하다는 식의 언급은 굉장히 극단적인 주장이라 볼 수 있다. 대체적으로 세대통합만으로 예배를 드리는 교회는 주일학교 연령대의 어린이들이 많지 않을 뿐 아니라 불신자들의 자녀들을 전도하는데 용이하지 못하다는 단점이 있다. 이미 한국에 주일학교 제도가 토착화되었으므로 이것을 함부로 없애는 것은 많은 진통과 위험이 뒤따른다. 오히려 주일학교의 장점과 세대통합의 장점을 결합시킬 수 있는 새로운 형태의 연구가 필요할 것이다.

27　"기도의 법칙(lex orandi)이 믿음의 법칙(lex credendi)이다"라는 경구는 예배학에 있어서 중요한 주제이다. Don Saliers와 같은 학자들은 여기에서 나아가 "행동의 법칙"(lex agendi)으로까지 나아가야 함을 주장한다. 즉 우리가 드리는 예배는 우리의 신앙을 형성할 뿐 아니라, 진정한 예배는 사회 윤리와 참여로까지 나아가야 한다는 것이다. Don E. Saliers, *Worship as Theology: Forestate of Glory Divine* (Nashville: Abingdon Press, 1994), 185-187.

28　연동교회,『연동 주일학교 100년사(1907-2007)』, 325.

29　연동교회,『연동 주일학교 100년사(1907-2007)』, 332.

30　연동교회,『연동 주일학교 100년사(1907-2007)』, 368.

31 연동교회, 『연동 주일학교 100년사(1907-2007)』, 294.

32 G. J. van de Poll, *Martin Bucer's Liturgical Idea* (Assen: Van Gorcum, 1954), 113-114.

33 메빅에 대한 책들은 다음과 같다. 우치코시 곤베이, 메빅으로 주일학교 패러다임을 전환하라 , 장지홍 역(서울: 에벤에셀, 2001); 곤베이, 이 작은 자들과 함께 , 장지홍 역(서울: 에벤에셀, 2000); 곤베이, 메빅 대폭발 , 장지홍 역 (서울: 에벤에셀, 2000).

34 연동교회, 『연동 주일학교 100년사(1907-2007)』, 336.

35 위의 책, 348.

36 이것은 북미의 저명한 기독교교육학자이자 오랫동안 Religious Education Journal의 편집장이었던 Dr. Jack Seymour와의 2017년 1월 16일자 이메일 대화를 통해서 확인하였다. 물론 연동교회의 사례와 같이 한 교회에서 주일학교의 주보와 역사를 수집해 놓았다면 역사적인 주일학교 예배의 변천 연구가 가능할 것이다. 그러나 단행본, 학위논문, 아티클과 같은 기록물들 안에서 주일학교 예배의 형태, 요소, 신학을 다룬 것은 희귀하다고 볼 수 있다. 혹시 이 글을 읽는 독자들의 교회가 오랜 역사적 전통을 가지고 있으며, 과거 주일학교의 주보와 자료를 가지고 있다면 필자에게 연락을 주시길 부탁드린다. blauw100@daum.net

37 고신 교단의 경우, 대한예수교장로회 고신총회, 『헌법』(서울: 총회출판국, 2011), 249를 보라.

38 Howard Vanderwell, "Biblical Values to Shape the Congregation," in *The Church of All Ages*, ed. Howard Vanderwell (Herndon, VA: The Alban Institute, 2008), 22.

39 Howard Vanderwell, 22-24.

40 물론 세대 통합 예배를 활성화시키기 위해 신자의 가정과 불신가정에서 출석하는 어린이들을 매칭하는 것도 대안이 될 수 있을 것이다. 이 모든 것은 개교회의 상황과 판단에 달려있다.

41 윙윙은 메빅이 가지고 있지 않은 어린이 셀(양육프로그램)과 윙윙 캠프라는 프로그램을 개발하였다. 윙윙 축제 예배에 대해선, www.wingwings.com (accessed Feb 1, 2017).

42 손원영, 『기독교문화교육과 주일교회학교』(서울: 대한기독교서회, 2005), 251.

43 Marva J. Dawn, A Royal "*Waste*" of *Time: the Splendor of Worshiping God and Being Church for the World* (Grand Rapids: Eerdmans, 1999), 11.

44 Hwarang Moon, *Engraved upon the Heart: Children, the Cognitively Challenged, and Liturgy's Influence on Faith Formation* (Eugene, OR: Wipf & Stock, 2015), 87-90 참조.

45 Gordon W. Lathrop, *Holy Things: A Liturgical Theology* (Minneapolis: Fortress Press, 1998), 51-52. 즉 예배의 구성 요소들은 참여자들의 신앙 형성과 밀접한 연관성이 있다는 것을 래스롭은 자신의 책들을 통해 자세히 설명하고 있다. 결국 신자의 신앙 형성과

윤리적 삶에는 예배가 큰 역할을 하고 있으며, 예배의 요소와 순서들은 무의미하거나 생각 없는 관행이 아니라 형성적인 힘(formative power)을 가지는 것이다. 이런 차원에서 예배의 중요한 요소들, 예를 들면 신앙고백이라던지 강복 선언과 같은 것들을 제외하는 예배는 신자의 신앙 형성에 필요한 중요한 요소들을 결여한 것이 되는 셈이다.

46 Hyoung-Seop Shin, "Critical Analysis on Sunday School Worship in the Presbyterian Church of Korea from the Perspective of Liturgical Inculturation Theory" *Korea Presbyterian Journal of Theology* Vol. 48 No. 3 (2016), 176-177. 현재 통합 교단의 경우 정신지체 장애인들의 성찬 참여는 허락이 된 상태이며, 금번 2017년 총회 때 어린이의 성찬 참여에 대한 논의가 진행될 것으로 보인다.

47 Hwarang Moon, "Including Children in Eucharistic Celebrations: A Korean Presbyterian Perspective," *Doxology: A Journal of Worship*, vol. 28 (2011), 51-52.

48 Wesley Shrader, "Our Troubled Sunday Schools," Life (XLII, Feburary 11, 1957), 110; Robert Lynn, *The Big Little School*, 168에서 재인용.

49 이상일, "간세대 예배와 회중찬송,"『장신논단』43 (2011.12), 417.

50 이상일, 422-427.

51 John H. Westerhoff, *Will Our Children Have Faith?* (New York: Morehouse Publishing, 2000), 51-57.

52 Norman De Jong, *Education in the truth* (Phillipsburg: Presbyterian and Reformed Publishing, 1969), 136-138.

53 새들백 교회의 홈페이지에는 교리적, 성경적 주제를 인형극, 애니메이션 등으로 재미있게 각색하여 설명한 다양한 동영상을 제공하고 있다. https://www.youtube.com/channel/UCEbM1vIWVubIANRR54YuS0g/videos (accessed Feb 18, 2017).

54 Kyoo-Min Lee, "A Study on the Development of Christian Education after Korea's Liberation(1945) and Suggestions for the Korean Church Based on Educational Perspective of the Presbyterian Churches" *Korea Presbyterian Journal of Theology* Vol. 44 No. 3 (2012), 128.

55 연동교회,『연동 주일학교 100년사(1907-2007)』, 330.

56 필자는 자녀들과 함께 참석했던 어떤 교회의 예배에서 서울 내수동교회 박희천 원로목사님의 설교를 들었던 적이 있다. 한 시대를 풍미했던 대설교자의 설교를 10살이 겨우 넘는 어린이들이 이해할 수 있을까 염려했지만, 어린이들은 목사님의 메시지를 이해했을 뿐 아니라 큰 은혜를 받았다. 좋은 설교자는 다양한 청중에게 메시지를 효과적으로 전달할 수 있어야 한다. 세대통합 예배를 준비하는 설교자는 본문의 말씀을 청중이 알아들을 수 있는 언어와 수준으로 전할 수 있도록 노력해야 한다.

3장   안재경

개혁 교회   **어린이 예배**

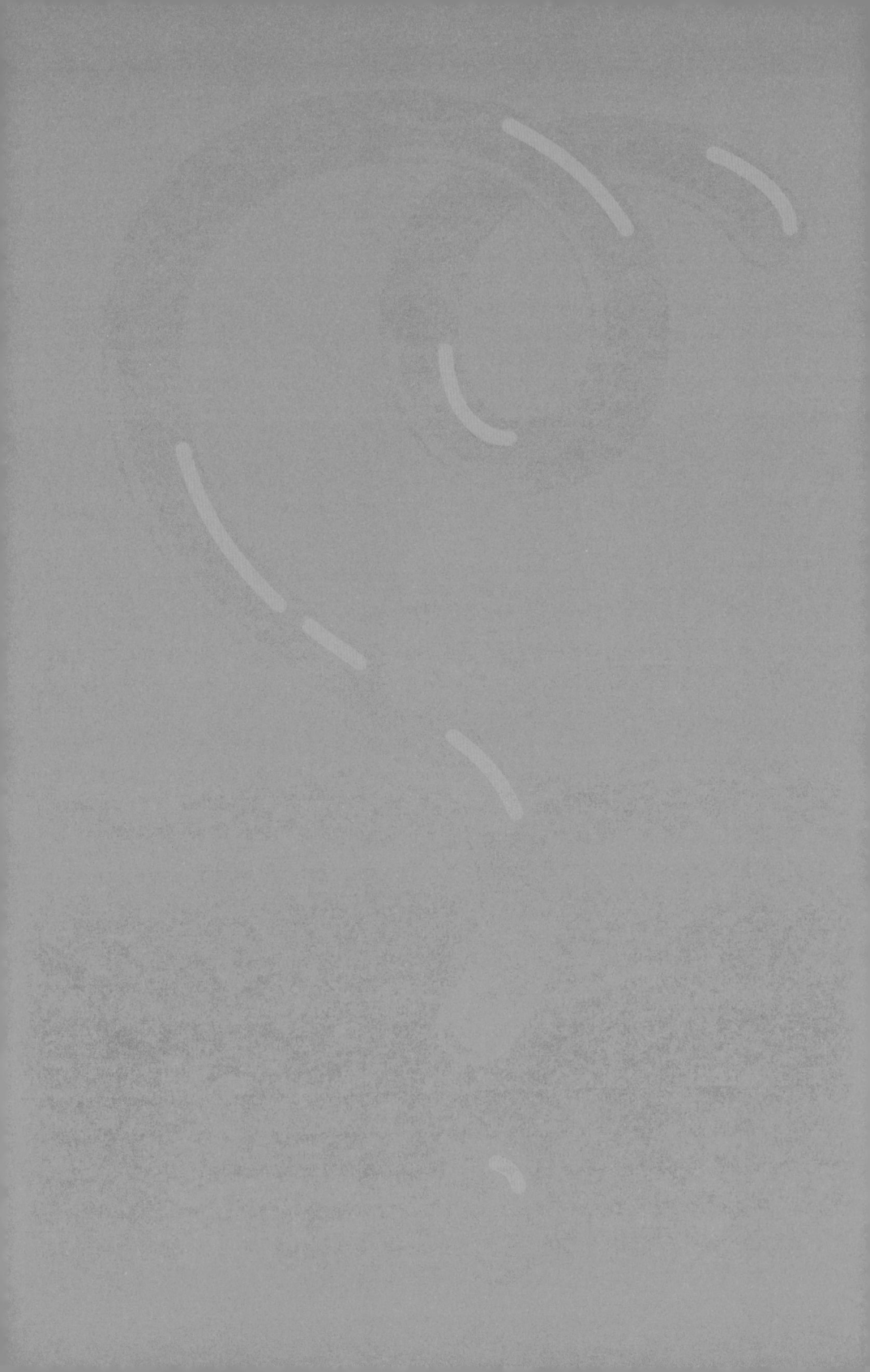

개혁교회
어린이 예배

안재경 목사
(온생명교회)

들어가는 말

어린 아이들이 내게 오는 것을 용납하고 금하지 말라.
하나님의 나라가 이런 자의 것이니라. (막 10:14) [1]

예수님이 친히 하신 말씀이다. 이 어린 아이는 영아를 포함하여 아주 어린 아이를 가리킨다. 부모들이 어린 아이들이 품에 안고, 혹은 이제 겨우 걷게 된 어린 아이들을 데리고 예수님께 와서 축복해 달라고 했을 때에 제자들이 꾸짖었다. 예수님이 지금 그렇게 한가하게 시간 보낼 수가 없다고 말이다. 예수님이 위대한 일을 하셔야 하는데 그렇게 어린 아이들에게 시간을 빼앗길 수 없다는 생각이었다. 예수님은 제자들을 향해 불같이 화를 내셨다. 예수님이 이렇게 화를 내신 적이 거의 없는데 말이다. 어린이가 도대체 어떤 존재이길래 예수님은 하나님 나라가 이런 자, 즉 어린 아이의 것이라고 말씀하시는가? 어른은 하나님의 나라와 상관이 없다는 말인가? 어른이 다시 어린 아이로 돌아가야 한다는 말인가?

예수님은 뒤이어 "내가 진실로 너희에게 이르노니 누구든지 하나님의 나라를 어린 아이와 같이 받들지 않는 자는 결단코 그 곳에 들어가지 못하리라"고 하셨다. 예외가 없다고 하신다. 하나님의 나라를 어린 아이와 같이 받들어야 한다고 하신다. 하나님의 나라는 어린 아이들의 나라라는 뜻이다. 하나님 나라에는 어린 아이들만 있다는 뜻이다. 말이 되는가? 어른이 다시 어린이가 되어야 하는가? 우리는 어린 아이와 같이 '받든다'는 말에 주목해야 한다. 쉽게 말하자면 받는다는 뜻이다. 어린 아이는 받는 입장에 있다.[2] 이것은 성품의 문제가 아니라 입장의 문제라고 해야 할 것이다. 어린이는 받지 않으면 살아갈 수가 없는 입장에 서 있다. 어린 아이는 끊임없이 받지 않으면 생존할 수가 없다. 어린 아이에게는 어머니의 품과 젖이 생명이다. 이것처럼 신자는 하나님께 무언가를 바치려고 애쓰는 자가 아니라 먼저 받아야 한다는 뜻이다. 즉, 기독교는 은혜의 종교이지 업적과 공로의 종교가 아니라는 뜻이다. 하나님께서 보내주신 예수 그리스도, 지금 말씀하고 계시는 그 분을 받으라는 뜻이다. 우리는 어린 아이의 입장으로 돌아가서 그리스도를 받는 자들이 되어야 하겠다. 잘 받는 것이 관건이다.

어린이 예배가 따로 필요한 이유가 어디에 있을까? '어른예배'라는 말 자체가 형용모순이지만 어른예배에서 어린이들을 제외시킨 이유가 어디에 있을까? 어린이 예배를 만든 것은 어린이들을 배려하기 위함일까, 아니면 어린이들을 배제하기 위함일까? 어린이 예배를 따로 해야 할 필요가 있을까? 너무나 당연한 이야기를 왜 하냐고 의아해 할 것이다. 어른과 어린이들이 함께 예배해야 한다고 하면 말이 안된다고 할 것이다. 어른들도 제대로 예배할 수 없고, 어린이들도 예배에 집중할 수 없다고 말이다. 우리는 어린이들이 당연히 예배를 따로 해야 한다고 생각한다. 우리는 어린이 예배를 당연하게 생각하지만 역사적으로 어린이 예배를 따로 한 것은 그렇게 오래 되지 않았다. 구약시대 때부터라고 해야겠지만 교회역사를 보면 교회는 항상 어린이와 함께 예배했다. 어린이를 예배에서 배제시키고서 어른들만 예배한 적이 없다. 선교지적인 상황에서 복음을 전하기 위해 도입된 주일학교, 어린이 예배가 이제는 대세를 이루고 있다. 어린이만이 떨어져 나간 것이 아니라 모든 세대가 잘게 나누어져서 예배하고 있다. 예배가 수없이 나누어진 것이다. 한 교회 안에서 말이다. 이것이 과연 바람직한 것일까? 우리는 언약의 관점에서 우리의 자녀들만이 아니라 우리가 하는 예배를 바라보아야 하겠다. 예배는 효과의 문제가 아니다.

언약에 근거한 예배와 어린이

신자는 언약의 백성

하나님께서 자기 백성과 맺으시는 은혜로운 관계를 '언약'이라고 부른다.³ 기원전 1500년 경 고대 근동의 히타이트 족속이 맺었던 계약이 있었는데 이것은 종주국과 종속국 사이에 맺어지는 계약이었다. 쉽게 말하면 종속국의 왕이 복종하겠다고 하면 종주국의 왕은 지켜 주겠다고 약속한다.⁴ 하나님과 자기 백성의 언약관계는 이렇게 당시 근동의 계약을 본 딴 것이지만 질적으로 다르다. 하나님께서 자기 백성과 맺으신 언약이 다른 민족, 다른 종교들의 계약과 얼마나 다른가? 금방 표현했듯이 하나님께서 자기 백성과 맺으신 것을 언약이라고 부른다면, 그 외 다른 모든 것들은 '계약'이라고 부르는 것이 좋겠다. 계약이 어떻게 체결되는가? 우리가 평생을 살면서 수없이 계약하며 살지 않는가? 계약은 계약을 맺는 쌍방이 서로에게 자기가 가지고 있는 무언가를 내어놓으면서 시작된다. 무상으로 무언가를 양도하는 계약을 체결할 수 있겠지만 계약이라는 것은 쌍방의 합의를 통해 이루어진다. 계약은 철저하게 주고받는 거래관계이다. 종교도 마찬가지로 계약에 근거하고 있다. 종교인이 자기가 섬기는 신에게 무언가를 바치면, 그 신이 그것을 보고는 그 사람에게 도움을 베풀어 준다. 진노와 저주를 막아 준다든지, 아니면 복을 준다든지 한다.

언약은 계약과 다르다. 계약은 쌍방 계약자들의 거래를 통해 이루어지지만 언약은 하나님께서 자격이 없는 자들에게 찾아와 주셔서 맺자고 하시는 것이다. 언약에서는 하나님께서 주도권을 쥐고 계시다는 뜻이다.⁵ 하나님께서 주도권을 쥐고는 자격이 없는 자들에게 찾아와 주셔서 언약을 맺자고 하신다. 그러면 아무런 자격이 없는 이들이, 아무 것도 내어놓을 수 없는 이들이 언약의 파트너가 된다. 언약이 체결되면 하나님께서 놀라운 약속들을 해 주시고, 언약의 파트너들은 언약의 요구에 직면한다. 우리는 그 언약의 요구를 십계명을 통해 분명하게 확인할 수 있다. 언약의 요구에 충실하지 않으면 언약의 저주가 있고, 충실하면 언약의 복이 선포된다. 언약의 요구며 저주와 복이 있기에 이것이 세상 모든 계약과 하나도 다르지 않다고 생각할지 모르겠다. 그렇지 않다. 언약의 저주와 복은 철저하게 응보적인 것이 아니라 하나님의 무한하신 자비 가운데 베풀어지는 것이다. 하나님께서는 자기 백성이 언약을 깨뜨릴 때에도 신실하셔서 그 언약을 다시 회복하신다.

하나님과 그 백성간에 맺은 언약을 다음과 같이 요약하기도 한다. "언약이란 하나님과 주님의 백성과의 살아있는 관계이며, 이 관계 안에서 여호와께서는 주님의 우리를 돌보실 우리의 하나님이시라는 것을 선언하시고, 또 우리는 그분의 말씀에 따라 하나님을 즐거운 마음으로 섬길 그분의 백성이라는 것을 선언하는 것이다."[6] 즉, 언약의 전형적인 문구가 바로 '나는 너희 하나님이 되고, 너희는 내 백성이 되리라'(레 26:12; 겔 11:20; 36:28; 37:27; 렘 7:23; 11:4; 계 21:7)이다. 쉽게 말하자면 하나님과 그 분의 백성의 아름다운 관계, 교제하는 관계를 언약이라고 부른다.

공예배의 중요성

언약백성인 교회는 예배하는 공동체이다. 교회는 불변하는 기관으로 자동적으로 존재하는 것이 아니라 회중을 이루어 하나님 앞에 설 때에 비로소 존재하게 된다.[7] 언약백성이 하나님의 부름을 받아서 하나님 앞에 설 때에, 즉 예배할 때에 교회가 이 지상에 우뚝 선다. 교회가 어떤 장소에 어떤 형태로 있고, 우리가 그 곳으로 가는 것이 아니라 하나님의 백성들이 주의 몸을 이루어서 하나님 앞에 설 때에 비로소 그 회중이 교회가 된다. 그렇다면 교회는 예배하면서 계속해서 생겨난다고 말해도 될 것이다. 예배하지 않는 교회는 교회가 아니라는 말이다. 교회는 예배하면서 자신을 표현한다.[8] 교회는 예배하면서 자신이 만난 하나님을 드러낸다. 예배는 '교회의 얼굴'이라고 말할 수 있다. 교회건물이나 교인의 삶이 교회를 대변한다고 볼 수도 있겠지만 엄격하게 말하자면 예배가 교회의 얼굴이라고 해야 할 것이다. 교회가 예배하지만, 예배가 교회를 만든다고 말할 수 있다. 교회가 예배를 만든 것이 아니라 예배가 교회를 드러낸다.

한국교회는 신자들의 어떤 모임이든지 예배라는 용어를 갖다 붙인다. 그런데 공예배는 엄격하게 구분할 필요가 있다. 모든 것이 예배이면 그 어떤 것도 예배가 아닌 것이 되니 말이다. 위에서 언약에 대해 언급했거니와 기독교회의 예배는 철저하게 언약적이다. 하나님께서 자기 백성에게 내려주시는 하행선이 있고, 회중이 하나님으로부터 받은 것을 하나님께 돌려드리는 상행선이 있다. 하행선이 먼저이다. 그리고 상행선이 있다. 세상의 모든 종교는 상행선이 우선적이다. 신의 비위를 맞추어야 하니 말이다. 교회는 다르다. 하나님으로부터 받은 것이 없이 하나님께 올려드릴 수 없다. 우리는 오직 하나님께 받은 것으로만 하나님께 올려드린다. 이것이 예배이다.

공예배는 말 그대로 공적인 것이기에 사사로운 것이 아니다. 신자들의 특정한 필요를 채우기 위해서 하는 과외활동을 예배라고 부르는 것은 곤란하다. 우리가 하는 예배가 성경적이어야 한다는 것은 불문가지이다. 예배를 성경적으로 정의하는 데에 있어서 중요한 것도 '언약'이다.[9] 언약백성이 그리스도의 몸을 이루어서 하나님께 나아가는 자리가 예배라는 말이다. 그래서 우리는 주일 오전과 오후예배를 공예배라고 특정한다. 회중이 모이기만 하면 예배가 되는 것이 아니다. 직분자들이 활동해야 한다. 직분자들의 활동이 없이는 예배가 있을 수 없다. 하나님께서는 직분자들을 세우셔서 하나님의 말씀을 드러내신다. 하나님의 다스림을 드러내신다. 하나님의 긍휼을 드러내신다. 그것이 바로 목사, 장로, 집사이다. 예배는 모든 직분자들이 총동원되어서 하나님과 회중을 섬긴다. 특히 목사가 다른 직분자들의 도움을 받아서 은혜의 방편을 시행하는 자리가 예배이다. 우리는 모든 직분이 일차적으로 예배를 위해 부름받았다는 것을 명심해야 하겠다. 하나님께서는 공예배를 통해서 하나님의 백성들에게 필요한 모든 은혜를 내려주신다. 예배를 대체할 수 있는 것이 없다. 교회는 예배 하나만 잘 해도 된다.

교회의 회원임을 보여주는 세례

기독교는 '언약의 종교'이며, 신자의 가정은 '언약가정'이요, 언약가정에서 태어난 자녀는 '언약의 자녀'이다. 우리는 언약이 선택과 다르다는 것을 알아야 한다.[10] 언약의 자녀는 선택받은 자녀이기에 세례를 받는 것이 아니다. 네덜란드의 총리까지 지냈던 아브라함 카이퍼 박사의 주장대로 언약의 자녀는 중생 받았다고 보아야 하기 때문에 세례를 받는 것이 아니다. 구약시대에 하나님께서 아브라함과 그에게 속한 모든 남자에게 할례를 행하라고 하셨듯이 우리는 언약의 자녀들에게 세례를 베푼다. 이스마엘도 할례를 받았고, 에서도 할례를 받았지만 그들은 약속의 자녀는 아니었다. 하나님께서는 시간을 거슬러 올라가 사색해야 하는 선택이 아니라 시간 속에서 맺으시는 언약으로 우리를 대하신다. 우리는 우리 자녀를 바로 이렇게 언약의 자녀로 대해야 한다.

언약가정에서 태어난 자녀가 언약의 자녀일 뿐만 아니라 교회의 회원이라는 것을 보여주는 것이 바로 '세례'이다. 유럽의 개혁교회에서 유아세례를 베풀 때 부모가 서약하는 것이 있는데 첫째가 다음과 같다.

> 우리의 아이들이, 비록 죄악 중에 잉태되고 출생하여서 모든 비참함을 겪고 심지어 영원한 심판까지 받게 되었지만, 그러나 그리스도 안에서 거룩하여졌으며, 따라서 교회의 회원으로 세례를 받는 것이 마땅하다고 고백하십니까?[11]

이 서약에서 언약의 자녀들의 세 가지 상태를 분명하게 언급하고 있다. 그들도 다른 불신자의 가정에서 태어난 자녀들과 하나도 다르지 않게 죄악 중에 잉태되고 출생하여서 모든 비참함을 겪고 영원한 심판까지 받을 자녀라는 것이다. 하지만 이들은 언약을 통해 그리스도 안에서 거룩하여졌다. 그리고 교회의 회원이기에 세례를 받는다. 부모는 자기 자녀를 유아세례 받게 하면서 이 사실을 분명하게 인식해야 한다. 자기 자녀가 천사와 같다고 생각해서도 아니고, 나중에 자라서 자기 입으로 그리스도를 고백해야 비로소 거룩하게 되는 것이 아니다. 나중에 입교를 해야 비로소 교회회원이 되는 것이 아니라는 사실이다. 하나님께서는 자기 백성과 맺으신 언약으로 우리를 대하신다. 그 언약의 중보자가 바로 그리스도시다. 우리 자녀는 예수 그리스도를 통하여 거룩하여지고 교회회원이 된다.

우리는 성경을 통해 언약자녀의 신분을 분명하게 확인할 수 있다. 자녀들이 성인들과 똑같이 언약의 백성으로 하나님 앞에 부름받아 선다는 사실 말이다. 이스라엘 자손들이 모압 평지에서 하나님과 더불어 언약을 갱신할 때에 유아들이 하나님 앞에 함께 서 있었다 (신 29:10-13). 하나님께서 시내 산에 강림하셔서 '내 백성을 모으라'(신 4:10)고 하셨을 때에도 유아들이 함께 하나님 앞에 섰다. 하나님께서 자기 백성과 더불어 언약을 체결하실 때, 그리고 언약을 갱신하실 때 유아들도 함께 그 자리에 참여시키셨다. 하나님께서는 언약의 증표인 할례를 난 지 8일 만에 행하라고 하셨으니 유아들도 당연히 하나님의 언약백성이다. 물론, 유아세례 받은 어린이는 공동의회 회원이 되어 선거권을 가지지 못하고, 성찬에 참여하지도 못한다. 어떤 개혁주의 교회에서는 '아이성찬'paedocommunion을 주장하기도 하지만 말이다. 그렇다고 해서 그 어린이들이 절반만 교회회원인 것이 아니다. 그들은 성인들과 마찬가지로 교회의 완전한 회원이다.[12] 그들은 아무 것도 모른다고 하더라도 교회의 다른 회원들처럼 나눌 것이 많다. 신자는 존재로 말하는 자들이기 때문이다.

어린이의 예배체험

구약시대의 체험

구약시대에 예배는 아주 구체적인 표현을 가지고 있었다. 제사장들이 섬기는 일을 예배라고 부를 수 있었지만 사실 하나님의 모든 백성들이 한꺼번에 하나님 앞에 서는 것이 예배였다. '여호와 앞에 섰더라'(대하 20:13)는 표현이 바로 예배 장면인 것을 알 수 있다. 하나님 앞에 서는 대상은 모든 하나님의 백성이었다. 여기에는 어린이도 포함된다. 그들도 하나님의 백성이기 때문이다. 우리는 성경을 통해 어린이가 예배에 참여한 수많은 경험을 확인해 볼 수 있다. 출애굽 이후 시내산에서 비로소 공예배가 시작되었다는 것을 생각해 보면 이후에 어린이들이 예배에 참석한 것을 확인해 볼 필요가 있다.

대표적인 것들만 몇 가지 들어 보자. 약속의 땅에서 정복전쟁을 하던 와중에 있었던 일이다. 여호수아는 아이 성에서의 실패와 승리 이후에 이스라엘을 그리심 산과 에발 산 양쪽에 절반씩 세우고는 축복과 저주하는 율법과 말씀들을 낭독했다. 이때 자녀들도 함께 서서 그 말씀을 들었다(수 8:30-35). 유다 왕 여호사밧 때의 일이다. 그는 개혁을 일으키지만 북 왕조 이스라엘의 아합과 연합하는 잘못을 범한다. 아람이 쳐들어오자 왕은 모든 백성들과 함께 성전 뜰 앞에서 하나님께 부르짖는다. 도와 달라고 말이다. 이때 어린이들도 부모들과 함께 서 있었다(대하 20:1-13). 이스라엘이 약속의 땅에서 쫓겨났다. 그들이 과거에 쫓아내었던 가나안 족속들처럼 쫓겨난 것이다. 이제 그들은 언약을 체결하기 이전의 상태로 돌아가 버렸다. 하나님께서는 은혜를 베풀어 주셔서 포로생활로부터 귀환할 수 있게 해 주셨다. 이스라엘로 귀환한 학사 에스라는 하나님의 백성들에게 율법을 읽어준다. 예루살렘 성벽을 건축한 후에 귀환한 이들이 에스라에게 율법을 들려달라고 요청하여 일어난 일이다. 에스라는 남녀 구분하지 않고, 심지어 그 율법을 알아들을만한 모든 사람 앞에서 율법을 읽었다(느 8:1-5). 이렇게 구약시대에는 부모들이 어린이들을 대동하고 항상 하나님 앞에 섰다. 그 어린이들이 알아듣기 힘들 것이라고 생각하여 예배에서 배제하지 않았다.

이스라엘 자손들에게 어린이의 예배체험이 가능했던 이유가 있다. 이스라엘 백성들은 자기 자녀를 언약의 자녀로 보았기 때문이다. 그리고 이스라엘에게는 하나님의 구원역사를 생생하게 돌아보는 절기들이 있었기에 이 일이 계속되었다. 이스라엘의 삼대 절기인 유월절, 오순절, 장막절은 온 가족이 함께 즐기는 축제였다. 개별 가정만이 아니라 온 성이 함께 기뻐하는 절기였다. 더 나아가 성인 남자는 이 중요한 절기 때마다 예루살렘 성전으로 올라가서 하나님의 백성의 하나됨을 누렸다.[13] 이렇듯 구약제사와 절기는 하나님의 백성들이 하나님을 함께 즐거워할 수 있는 중요한 요소였다. 어린이들뿐만 아니라 나그네와 외국인들도 함께 즐거워할 수 있는 절기였다. 예를 들어, 유월절이 되면 어린 양을 잡아서 먹는데 자녀가 부모에게 왜 이 양을 잡

느냐고 물으면 부모는 하나님께서 출애굽의 역사를 일으키신 것을 말해준다(출 12:26, 27). 이스라엘 자손들이 요단 강을 건너면서 그 강바닥에서 주운 돌 12개를 약속의 땅 입구에 세웠다. 그 돌들이 왜 서 있냐고 자녀들이 물을 때도 부모는 말해 주어야 한다(수 4:6,7). 이렇게 자녀가 묻고 부모가 대답하는 것이 가정이, 부모가 공예배를 위한 기초가 되어야 함을 잘 보여준다고 하겠다.

신약시대의 체험

신약시대도 어린이들이 예배를 체험했다는 것은 예외가 아니다. 오순절에 성령께서 강림했을 때 사도 베드로는 예수 그리스도의 이름으로 세례를 받고 죄사함을 받는 약속이 자녀에게도 주어져 있다는 것을 분명하게 선포하였다(행 2:37-42). 개혁교회는 이 말씀을 근거로 하여 성경에서 명시적으로 유아세례를 언급하지 않아도 유아들이 세례를 받았다고 해석한다. 이것을 확증할 수 있는 사건이 있다. 우리가 너무나 잘 아는 빌립보에서의 바울의 발언 '주 예수를 믿으라 그리하면 너와 네 집이 구원을 받으리라'(행 16:31), 그리고 그 말을 들은 간수와 '그 온 가족이 다' 세례를 받았다고 하니 말이다. 어쨌든 세례가 기본적으로 예배체험이었으며, 이 세례체험에는 어린이들도 예외가 아니었다는 것을 잘 보여준다.

고대교회 예배는 1부 말씀예전과 2부 성찬예전으로 나누어졌는데, 어린이들이 예배에서 제외되지 않았다. 어린이들이 예배에서 중요한 역할을 감당했다. 특히, 말씀예전에서 어린이들이 복음서 낭독을 했다는 것은 주목할 만하다.[14] 재미있는 것이 어린이들은 어른들의 목소리와 달리 낭낭하고 순수한 목소리를 가지고 있었기에 순수한 복음을 낭독할 수 있다고 보았다는 것이다. 어린이에 대한 낭만적인 이해를 가졌다고 해야 할지 모르겠다. 그렇다고 어린이들은 죄없다고 보지는 않았다. 같은 하나님의 백성으로 생각했던 것이다. 고대 교회 교인들은 어린이들이 시편송을 부르는 것을 좋아했고, 그 결과 어린이 찬양대가 생겨났다.[15]

중세교회로 접어들면서 예배는 어른들에게 맞추어지기 시작했다. 원죄에 대한 강조로 인해 어린이들은 죄인으로 취급받아서 예배에서 밀려나 버렸다. 중세에도 유아세례를 베풀었지만 세례가 세례받기 이전의 모든 죄를 씻는 성례로 인식되면서 세례 이후에 짓는 죄가 문제되기에 세례를 미루는 경향이 생겼다. 언약에 대한 이해가 사라져 버린 것이다. 예배에서 어린이들의 위치는 점점 더 소외되기에 이른다.[16] 종교개혁시기에 개혁자들이 믿음을 강조하기 시작했지만 언약에 대한 이해가 분명해지기 전에는 어린이들의 예배참여가 부분적일 수밖에 없었다. 한편, 종교개혁 시기에 재세례파가 등장하여 유아세례를 인정하지 않음으로 다시금 어린이들을 예배에서 밀어내어 버리는 지경에 이르렀다. 재세례파는 말 그대로 유아세례를 인정하지 않았기에 자기 자녀들에게 세례를 주지 않아서 사회질서를 위협하는 자들로 내몰려서 핍박을 받고, 사형선고를 받기도 했다. 이들은 유아세례 받은 이들을 서로 세례주면서 재세례파라는 이름을 갖게 됨으로 이들 역시 언약에 대한 이해를 갖지 못했음을 보여주었다.

주일학교의 체험

오늘날 소위 주일학교에서 하는 어린이 예배는 19세기 초 영국에서 시작되었다. 산업화가 급격하게 이루어져가던 상황에서 어린이들조차도 노동에 내몰리는데, 그들에 대한 노동력 착취가 심했다. 값싼 노동력을 찾다보니 어린이들도 노동에 무자비하게 내몰린 것이다. 어린이들이 어른들과 마찬가지로 공장과 광산에서 힘든 일을 해야만 했다. 이에 교회가 그 어린이들을 위해 팔을 걷어 붙이고 나섰다. 쉬는 날인 주일에 그 어린이들을 돌보기 위해 주일학교가 시작된 것이다.[17] 그 어린이들을 대상으로 기초적인 교육을 시작했다. 이 돌봄과 교육은 주일 오전예배가 마친 후에 시작되었음에도 불구하고 주일에 시행되었기 때문에 예배적인 요소를 첨가해서 진행할 수밖에 없었다.[18]

영국에서 생긴 주일학교가 미국으로 건너간다. 주일학교가 미국으로 건너가서는 사회 봉사적이고 기초 교육적인 특징이 희박해졌다.[19] 미국은 교회와 국가의 역할이 엄격하게 분리되었기에 주일학교는 우선 교리문답교육에 집중했다. 한국에 온 선교사들은 자신들이 경험한 주일학교 교육을 선교지적인 상황에 적용하기 시작했다. 한국은 선교지였기 때문에 학교에도 갈 수 없는 어린이들을 깨우치는 교육이며 전도를 위한 도구로 주일학교를 활용하기 시작한 것이다. 선교사들은 학교를 세워서 문맹을 퇴치하는 일에 앞장섰을 뿐만 아니라 영국의 경우처럼 어린이들을 교회로 초청해서 그들을 전도하기 시작했다. 이후에 주일학교는 어린이들에게 교리문답 교육보다는 간단한 예배와 교사들에 의한 분반공부로 방향을 잡아 지금까지 내려오고 있다.

어린이 예배의 실제[20]

별도의 어린이 예배를 할 경우

신자의 자녀들은 언약에 근거하여 부모와 함께 예배하는 것이 합당하다. 하지만 한국교회 현실은 그렇지 않다. 선교지적인 상황이 여전히 계속되고 있다. 별도의 어린이 예배를 하는 것을 당연하게 생각하고 있다. 중학생이 되면 공예배에 참석해야 한다는 것조차 기피하려고 하는 경향이 있다. 어린이 예배가 따로 있고, 중고등부예배가 따로 있으니 말이다. "영아부와 유치부, 유년부, 초등부를 제외한 주일학교의 별도 예배는 허용되지 않으며, 중학생 이상은 반드시 일반 공예배에 참석하게 한다"고 규정하고 있음에도 불구하고 말이다.[21] 심지어, 주일에 1부, 2부, 3부 등 예배를 여러 번하는 교회들의 경우 마지막 예배는 주일공예배를 빙자하여 청년들의 예배를 따로 한다.

현실적으로 어린이 예배를 따로 하는 경우라면 어떻게 해야 할까? 그 예배를 굳이 예배라고 부른다고 하더라도 그 예배의 책임은 주일학교와 그 기관담당 교역자에게 있는 것이 아니라 당회에 있다는 것을 알아야 한다. 다음과 같은 규정을 보라. "한 가족이 함께 하나님의 집에 모여 예배하는 것이 마땅한 일이나 초등 예배 및 청소년 예배(학생신앙운동 SFC/Studend for Christ)를 따로 드리게 되었을 경우 당회의 지도하에 인도하여야 한다."[22] 개 교회 예배에 대한 문제는 신령한 일에 관한 것이기에 당회가 책임지는 것이 당연하다. 예배는 해당 부서, 해당 교역자가 알아서 하면 되지 그런 것까지 당회가 간섭하냐고 말하는 이들이 있을 것이다. 그래서 교회를 발전이 없다고 말할 것이다. 하지만 당회가 해야 하는 주된 일이 바로 신령한 것에 관련된 일이다. 예배야말로 당회가 관여해야 할 주된 일이다. 그렇게 때문에 목사와 장로는 예배를 하는 일에 온 마음을 쏟아야 한다. 그 외의 일들은 위원회를 만든다든지 해서 맡겨도 된다.

당회는 주일학교의 별도 예배를 지도해야 한다. 현실적으로 주일학교의 별도 예배를 하고 있는 경우에 말이다. 당회는 해당 부서에 모든 것을 맡겨두어서는 안되고, 어린이 예배의 모든 부분을 기획해야 하고, 그 예배가 어떻게 이루어지고 있는지 확인하고 감독해야 한다. 위에서 언급했듯이 당회의 제일 중요한 일이 바로 예배를 주관하는 것이기 때문이다. 당회원이 돌아가면서 주일학교의 별도의 예배에 참석하여 그 예배를 지도해야 한다. 더 나아가 담임목사가 주기적으로 어린이 예배를 인도하는 방안을 찾아야 할 것이다.

별도의 어린이 예배를 한다고 할 때에 교사는 부모와 함께 언약의 자녀를 양육한다는 생각을 해야 한다. 즉, 교사가 언약의 자녀를 양육하는 1차적인 책임을 지고 있는 것이 아니라 부모가 그 책임을 지고 있다. 그렇다면 주일학교와 교사는 부모를 위하여 비켜 서 주어야 한다. 주일학교가 모든 것을 다 하려고 해서는 안 된다. 주일학교는 부모를 어떻게 자녀교육에 동참시킬 것인가가 관건이라고 하겠다. 어린이들을 교육하는 시간 이상으로 부모를 교육하는 것이 필요하다는 말이다. 물론 이것도 당회의 지도를 받아서 해야 할 일이다.

어린이 예배는 어린이들의 형편에 맞게 모든 것을 기획되어야 한다는 생각을 경계해야 한다. 특히, 성경공부나 가르침, 설교가 도덕적인 교훈으로 축소되지 않도록 하는 것이 무엇보다 중요하다. 교사들의 역할이 무엇보다 중요하다.[23] 교사들은 목사가 아니지만 자녀들을 가르치는 사명을 받았기에 무엇을 가르치고 있는지 돌아보아야 한다. 주일학교에서 이루어지는 성경공부(공과)가 성경인물들을 본받자는 식이 되어서는 곤란하다. 이것은 신앙인이 아니라 종교인을 만드는 것이기에 큰 문제라고 하지 않을 수 없다. 불신자 중에 예수님을 믿게 되는 경우에 많은 이들이 어릴 때에 주일학교에 다녀본 경험이 있다는 것이 확인된다. 주일학교가 그만큼 중요하다는 뜻이 될 것이다. 그렇다고 해서 주일학교에서 전하는 내용이 느슨해져서는 안 될 것이다. 주일학교는 주일만 모이는 것이 될 필요도 없고, 어린이들에게 도덕적인 내용만을 가르쳐서는 더더욱 안 될 것이다. 주일학교는 복음을 가르쳐야 한다. 주일학교에서 배운 이들이 자신이 죄인이라는 것을 깨닫지 못하고 착하게 살면 되겠다는 생각을 하게 된다면 그것만큼 안타까운 일이 어디에 있겠는가? 신앙인을 만드는 것이 아니라 종교인을 만든다면 말이다.

통합예배를 할 경우

모든 세대가 다 함께 예배를 할 경우에는 이것저것 고려사항이 많을 수밖에 없다. 세대별로 잘게 나누어서 예배를 하고 있다면 세대통합예배를 한다는 것이 불가능에 가까울 것이다. 세대별 맞춤식 예배를 하는 것에 익숙해져 있으니 세대통합예배를 하면 각각의 세대가 다른 세대를 너무나 불편하게 생각할 것이기 때문이다. 예배는 인도하는 목사도 힘들기는 마찬가지일 것이다. 도대체 어느 세대에 초점을 맞추어야 한다는 말인가? 어린이에게 초점을 맞출 수도 없고, 그렇다고 어른에게만 초점을 맞출 수도 없고 말이다.

통합예배를 하더라도 방식을 다양하게 할 수 있다. 처음부터 끝까지 어린 아이들이 예배 전체에 다 참여할 수 있다. 이때 어린이들에게 제일 힘든 것은 무엇보다 설교일 것이다. 그래서 통합예배를 하더라도 설교 전까지 같이 있다가 설교시간에 어린이들이 나가서 옆 공간에서 성경이야기를 듣는다든지, 몇몇 활동을 하다가 설교가 끝나는 시간에 들어와서 예배를 함께 마치는 방식이 있다. 예배를 같이 시작하고, 같이 마치는 것이다. 설교시간에만 잠시 나누어진다. 이때에 목사는 그 예배에서 할 설교본문을 가지고 어린이들을 불러 모아 놓고는 그 말씀을 간단하게 해설한 후에 내어 보낸다. 어린이들이 목사의 설교 전체를 듣지 못했다고 하더라도 설교할 성경본문을 봉독하는 것을 들었고, 그 설교본문을 가지고 간단하게 해설하는 것을 들었기에 동일한 말씀을 들었다고 볼 수 있다.

한편, '가족예배'를 기획할 수도 있다.[24] 주일에 순차적으로 여러 번 예배를 나누어 하는 경우에 그 중에 한 번의 예배를 가족을 중심한 예배를 할 수 있다. 매 주일마다 이렇게 하는 것이 힘들기에 한 달에 한 번, 아니면 분기당 한 번씩 할 수도 있다. 매주일 함께 예배하기가 힘들다면 이렇게 가족예배를 기획하는 것이 언약가정의 중요성을 깨우치는 데 도움을 줄 것이다.

세대통합예배를 할 경우에 문제는 아주 어린 자녀를 둔 부모들이 예배에 집중하기 힘들다는 것이다. 한국교회에는 유아실이라는 것이 있기에 그 곳에 유아를 둔 어머니들이 간다. 그 곳에서는 유아를 포함한 어린 아이들을 위한 간단한 놀이도구들이 있기에 예배에 집중하는 것이 아니라 노는 것에 집중할 수밖에 없다. 당연히 그 곳에 있는 부모들도 예배하기는 힘들다. 교회가 한 두 명의 교사가 담당하는 영아부를 운영하면 제일 좋을 것이다. 그렇다고 그것이 모든 교회가 취할 수 있는 길은 아니다. 주일 하루만이라도 어린 아이들로부터 벗어나고픈 것이 당연할 것이다. 한 주 내도록 아이들로부터 시달렸으니 말이다. 교회는 할 수만 있다면 영아부를 만들려고 한다. 그래야 어린 아이를 둔 부모를 붙잡을 수 있기 때문이다. 그렇게 영아부를 만드는 것은 그 곳에 투입될 교사며, 어린 아이를 위해 꼭 합당한 것은 아니다.

교회는 초등학교에 입학하기 전까지의 어린 아이들에 대해 많은 고민을 해야 할 것이다. 어린이들을 능숙하고 다루는 교사들이 없는 상황에서는 어쩔 수 없이 부모가 아이들과 함께 있어야하기 때문이다. 그렇게 어린이와 함께 있으면서 예배에 참석할 수 있는 훈련을 하는 것도 필요하다. 훈련이 되어 있지 않은 상황에서는 예배하기 위해서 교회에 온 이들이나, 교회회원이 되기 위해 예배에 참석한 이들이 당황할 수밖에 없을 것이다. 어린 아이들을 맡기고 예배에 참석하기를 기대했는데 자녀들과 함께 예배해야 한다는 것을 알면 심히 당혹스러울 수밖에 없다.[25] 이렇듯 부모가 자녀와 함께 예배하는 것이 쉽지 않다는 것을 안 한 교사가 아래와 같은 안내문을 만들어서 돌렸다. 교회에서 공식적으로 만든 것이 아니지만 예배순서해설로 무리가 없다고 판단하여 그대로 실어 본다. 교인의 입장에서 주일 오전예배 순서를 잘 해설했기에 말이다.

아이들과 처음 예배드리는 분들을 위한 안내서

온생명교회에 오신 것을 환영합니다! 온생명교회는 갓난 아이로부터 어른까지 모든 세대가 같은 시간, 한 공간에서 함께 예배드립니다. 처음 아이를 데리고 예배에 참석하신 분들을 위해 아이들을 위한 예배 순서 소개 및 아이와 함께 예배드리는 요령을 알려드립니다.

하나님이 부르십니다 하나님의 부르심을 경험하는 시간입니다.

1. **하나님을 부름** "우리의 도움은 천지를 지으신 여호와의 이름에 있도다"(시편 124:8)를 목사님께서 말씀하시면 따라 말합니다.
2. **하나님의 인사** (자리에서 일어서서) 성경말씀으로 목사님께서 하나님의 복의 인사를 전달하십니다. "하나님의 사랑하심을 받고 성도로 부르심을 받은 모든 자에게 하나님 우리 아버지와 주 예수 그리스도로부터 은혜와 평강이 있기를 원하노라"(로마서 1:7)
3. **신앙고백** (자리에서 일어서서) "사도신경"은 성경책 앞 표지 안을 보시면 나와 있습니다. 두 가지 중 새번역이라고 쓰여진 것을 아이도 함께 읽을 수 있도록 보여 주세요.
4. **경배찬송** (자리에서 일어서서) 하나님의 영광을 생각하며 찬송을 합니다. 아이들이 순서지에 나온 숫자대로 찬송가에서 악보를 찾도록 도와주세요. 찾으신 후엔 가사를 따라 부르도록 손가락으로 가리키며 불러 주세요.

하나님이 용서하십니다 우리의 죄를 돌아보고 용서를 구하는 시간입니다.

5. **십계명** 성경책 뒷 표지 안을 보시면 나와 있습니다. 아이들과 함께 소리 내어 읽어보세요(어떤 경우에는 십계명을 교독하기도 합니다). 십계명은 '언약의 열 가지 말씀들'이라고 부르는데 하나님의 백성들에게 주신 모든 말씀의 요약입니다. 우리는 이 계명들을 지킬 수 없기에 예수 그리스도를 바라보아야 합니다.

6. **죄고백** 십계명에 비추어 자신의 죄를 돌아보며 회개기도를 하는 시간입니다.

7. **사죄선언** 목사님께서 우리 죄가 예수님으로 인해 깨끗해졌음을 선포하십니다. "예수는 영원히 계심으로 그 제사장 직분도 갈리지 아니하느니라 그러므로 자기를 힘입어 하나님께 나아가는 자들을 온전히 구원하실 수 있으니 이는 그가 항상 살아계셔서 그들을 위하여 간구하심이라"(히브리서 7:24,25).

8. **감사찬송** 우리 죄를 깨끗하게 해 주신 것에 감사하며 찬송을 합니다. 아이들이 순서지에 나온 숫자대로 찬송가나 시편찬송가에서 악보를 찾도록 도와주시고 가사를 따라 부르도록 손가락~☞

9. **기도** 교회의 직분을 맡으신 분들이 교회를 대표하여 기도하십니다. 우리의 죄가 깨끗하게 되었으므로 아버지 하나님께 기도로 구할 수 있음을 아이에게 알려주세요.

하나님이 말씀하십니다 하나님의 말씀을 듣는 시간입니다.

10. **성경봉독** (자리에서 일어서서) 교인들이 정해진 순서를 따라 오늘 목사님이 설교할 성경구절을 읽습니다. 성경책 옆을 보시며 쉽게 찾을 수 있도록

되어 있습니다. 아이들이 순서지에 나온 글씨와 같은 것을 찾아보게 해 주세요. 성경을 읽을 때에 자녀들이 잘 따라가도록 손가락~☞

11. **설교** 목사님께서 오늘 성경 내용을 풀어서 설명해주시는 시간입니다. 아이들이 이해하기 어려운 내용이지만 다른 사람들을 위해 조용히 해야 한다고 알려주시고, 중간에 아이가 너무 힘들어 하면 간단한 간식(사탕, 초콜릿)을 주시거나, 잠시 물을 마시고 올 수 있게 지도해 주세요.

12. **응답찬송** 하나님께서 주신 말씀에 감사하며 찬송을 올려드립니다. 찬송가에서 악보를 찾도록 도와주시고 가사를 따라 부르도록 손가락~☞

하나님이 보내십니다 하나님께서 함께하시며 세상으로 나가게 하십니다.

13. **헌금** 준비해 오신 물질이 있으면 미리 준비된 봉투에 넣어 하나님께 드리는 모습을 아이에게 보여주세요. 아이도 마음이 있다면 헌금을 준비해 드릴 수 있습니다.

14. **성도의 교제** 순서지 뒷면을 보시면, 교회 소식이 나와 있습니다. 교회에 관련된 광고 및 교인분들에 대한 소식 등을 나누는 시간입니다.

15. **마침찬송** (자리에서 일어서서) 아이들이 시편찬송가에서 시편찬송 1장을 찾도록 해 주세요. 어떤 경우에는 다른 시편(시편 23편)을 부르기도 합니다. 찾으신 후엔 가사를 따라 부르도록 손가락~☞

16. **강복선언** (자리에서 일어서서) 목사님께서 하나님의 복을 선포해 주시는 시간입니다. 눈을 뜨고 목사님의 들려진 손을 바라보면서 하나님께서 복 주시는 것을 감사하세요. "여호와는 네게 복을 주시고 너를 지키시기를 원하며, 여호와는 그의 얼굴을 네게 비추사 은혜 베푸시기를 원하며, 여호와는 그 얼굴을 네게로 향하여 드사 평강주시기를 원하노라"(민수기 6:25-26).

온생명교회 교인들은 어린 아이들이 예배에 참여하는 것을 좋아합니다. 너무 부담 가지지 마시고 아이와 함께 복된 예배를 드려보세요.^^

예배를 위한 교회와 부모의 협력

교회의 협력

예배에 대한 문제는 당회의 소관사항이지만 온 교회가 함께 이 일에 대해 관심을 가지고 협력해야 한다. 당회가 알아서 하겠거니 하고 있으면 안 된다. 당회가 세대통합예배를 원한다고 하더라도 교인들이 동의하지 않으면 그 예배가 너무나 힘들어지기 때문이다. 특히, 어린이들이 어른들과 함께 예배하면 당장 여러 가지 불평불만들을 늘어놓기 시작할 것이다. 어린이들 때문에 예배에 집중하기가 쉽지 않다는 소리들이 곳곳에서 터져 나올 것이다. 세대통합예배를 하기 위해서는 조용하게(?) 예배하기를 포기해야 한다. 어린이들로 인해 예배가 조금 시끄러워지더라도 언약의 자녀들과 함께 한 공간에서 예배한다는 것이 얼마나 복된 것인지 아는 것이 중요하다. 부모를 포함하여 어른들은 어린이들이 예배의 자리에 있는 것이 얼마나 복된 것인지 알아야 하겠다. 주일학교가 아예 없는 교회가 부지기수인 상황에서 말이다.

예배인도자의 역할이 무엇보다 중요할 것이다. 예배를 인도하는 목사는 어린이들을 잘 배려해야 한다. 예배팀의 역할도 중요하다. 예배의 순서들에 어린이들을 적극적으로 동참시키는 방법을 강구해야 할 것이다.[26] 다음과 같은 방법들이 있을 것이다.

말씀 : '성경봉독'을 회중이 돌아가면서 할 수 있다. 설교는 목사만이 할 수 있지만 성경봉독은 회중 가운데 정해진 사람이 할 수 있다. 그 성경봉독은 예배시에 설교할 성경본문이기에 그것을 설교할 목사가 그 성경본문을 가장 잘 알겠지만, 그 성경말씀은 목사의 소유가 아니라 회중 전체에게 주신 말씀이다. 그렇기에 회중 가운데서 그 말씀을 봉독할 수 있다. 이 순서에 어린이들을 참여시킬 수 있다.

기도 : 기도는 예배 가운데서 주신 말씀에 대한 반응으로 자리 잡고 있다. 개혁교회에서는 공예배에서의 기도를 무엇보다 중요하게 생각하고 있다. 기도가 우리의 신앙고백이기 때문이다. 한국교회에서 유행인 통성기도라는 것이 있지만 대표기도가 중요하다. 회중 전체가 그 기도에 아멘으로 화답할 수 있는 기도 말이다. 이 기도는 직분자가 담당해야 하는데 이 기도에 어린이를 어떻게 동참시킬 수 있을까? 어른만이 아니라 어린이들이 예배 중 기도에 동참시킬 수 있는 방식은 '기도문'을 활용하는 것이다. '죄고백의 기도문'을 사용하는 것이 그 대표적인 예가 될 것이다.

찬송 : 예배에서 찬송은 기도와 더불어 하나님께서 주신 것을 하나님께 올려드리는 가장 중요한 요소이다. 중세시대에는 성가대가 성직자였지만 종교개혁은 성가대를 없애고 예배의 찬송을 회중에게 돌렸다. 이제

예배찬송은 전적으로 회중찬송이다. 그렇다고 찬양대가 아예 필요없다는 말이 아니다. 이 찬송에 어린이들이 참여할 수 있다. 고대 교회처럼 어린이들이 찬양대를 만들어 찬양할 수 있고, '교송'(交誦, antiphon)을 하는 것도 좋은 방법이다. 찬송만큼 세대를 분리시키는 것이 많지 않겠지만 예배찬송을 통해 하나됨을 경험할 수 있어야 하겠다.

헌금 : 헌금은 우리의 감사를 표현할 수 있는 가장 좋은 방법이다. 예배 안에 헌금순서를 넣는 것이 좋겠다. 예배당 입구에 헌금함을 만들어 놓고 그 곳에 헌금을 하고 예배시에는 헌금하는 순서가 없는 경우가 많다. 예배시에 헌금순서가 되면 헌금위원들이 헌금봉투를 가지고 강대상에 올려 드리고 그것을 가지고 목사가 기도하는 경우가 많다. 예배시간에 헌금을 하는 부담감을 줄이고, 예배도 간편하게 하기 위해서 그런 방식을 취하지만 예배시간에 회중이 직접 헌금하는 것이 좋겠다. 예배시에 구체적으로 헌금하는 순서를 가지는 것이야말로 우리의 감사를 몸으로 표현하는 길이 될 것이다. 헌금은 집사의 사역인데, 어린이들을 헌금당번으로 정하여 헌금하는 것을 도울 수도 있을 것이다.

순서에 대한 이런 배려만이 아니라 어린이들과 함께 예배하면서 아이들을 환대하는 분위기가 무엇보다 중요하다. 어린이들이 예배에 참여하는 것을 뿌듯하게 느끼게 만들어 주어야 할 것이다. 예배 잘 했다고 칭찬도 해 주고 말이다. 엄지손가락도 척 들어주고 말이다. 어린이들이 어깨가 으쓱하도록 말이다. 비단 예배만의 문제가 아니다. 개혁교회에서는 담임목사가 교회 자녀들에게 요리문답을 가르쳐서 공적신앙고백에 이르게 하는 것이 무엇보다 중요하다. 요리문답반을 구성하여 주중에 자녀들을 가르치는 것이다. 담임목사는 모든 교인들의 목사이기에 자녀들을 교육하는 일에 있어서도 책임을 져야 한다.[27]

부모의 협력

많은 부모들은 주일에 자신들이 예배를 잘하는 것에 관심이 많고, 자녀를 주일학교에 보내는 것으로 만족한다. 심지어 자신이 소속한 교회의 주일학교가 잘 되지 않는 것에 불만을 표하는 경우가 많다. 교사들이 잘 준비되지 않아서 자기 자녀를 잘 가르치지 못한다는 것에 불만을 표하는 것이다. 주일학교가 잘 되는 교회들을 거명하면서 그런 교회 가서 배워 오라는 말도 한다. 출석하고 회원이 되려는 교회를 선정하는 중요한 요소 중에 하나가 주일학교가 잘되는 교회이다. 자기 자녀들을 맡기면 되기 때문이다. 요즘에는 어린이들을 위한 영어예배를 하는 것도 붐이다. 주일마저 영어 과외를 하는 효과를 누리고 싶어 하는 욕구를 교회가 충족시켜 주려는 것이 아닌가? 부모의 생각이 바뀌어야 한다. 언약적인 사고방식을 가져야 한다. 자녀의 신앙교육에 대한 일차적인 책임은 교회학교가 아닌 부모가 져야 한다. 주일학교에 자기 자녀를 맡겨 버리는 것은 바람직하지 않다. 교회학교가 너무 잘되는 것도 문제라고 할 것이다.

부모는 유아세례식에서 서약한 것에 대해 책임을 져야 한다. 유아세례 예식문의 마지막 세 번째 서약을 주목해야 하는데 그것은 다음과 같다. "그대들은 부모로서 이 아이가 성장함을 따라서 그대들의 힘을 다하여 주님의 교양과 훈계로 이 자녀를 교육하고 교육받게 하며, 또한 친히 사람의 본분을 이 아이에게 보이기를 힘쓰며, 이 아이를 위해 기도하고 함께 기도하기로 약속하십니까?"[28] 부모가 자녀를 교육할 책임, 본이 되어야 할 책임, 그리고 기도해야 할 책임을 말하고 있다. 이 책임을 성실하게 감당하는 것이 부모의 할 일이다. 이 일을 하기 위해 가장 기본이 되는 것이 같이 예배하는 것이다. 함께 예배에 참여하는 것이다. 이것만큼 쉽고 간편한 방법이 어디에 있겠는가?

결론과 과제

개혁교회에서는 어린이 예배라는 것이 없다. 어린이 예배를 따로 하지 않기 때문이다. 어린이를 위한 성경공부 프로그램 등이 있다고 하더라도 그것을 예배라고 부르지 않는다. 예배는 하나이다. 모든 세대가 함께 예배하기 때문이다. 그럼에도 불구하고 어린이 예배를 따로 해야 한다면 당회가 어린이 예배를 주관해야 할 것이다. 목사후보생 등이 예배사회자가 되어서 설교를 한다고 하더라도[29] 예배라는 이름을 달고 있는 한 당회가 주관하는 것이 합당하다. 특정한 세대의 이름을 딴 예배가 하나님의 언약의 회중을 분리시킬 뿐만 아니라 분열시키기 쉽다는 것을 명심해야 하겠다.

우리는 언약신앙을 회복하는 것이 무엇보다 중요하다. 언약가정에서 태어난 언약의 자녀는 세례를 통해 교회회원이 된다. 신자들은 유아세례를 지켜보면서 자신들의 세례를 돌아볼 뿐만 아니라 기독교 신앙의 본질인 언약을 새롭게 인식하게 된다. 즉, 믿음을 고백할 수 없는 아이가 믿음을 고백하면서 자신의 활동과 공로를 내세우고자 하는 어른들을 경고하고 있는 것이다. 유아세례는 믿음 이전에 하나님의 약속이 있다는 것, 그 약속이 믿음보다 우선한다는 것, 즉 사람이 주도권을 쥐는 것이 아니라 하나님이 주도권을 쥐고 계심을 분명하게 보여준다.[30] 구약시대 이스라엘 자손들이 하나님 앞에서 언약을 갱신하는 예식을 종종 했듯이 예배는 지금도 계속되는 언약갱신예식이라고 보아야 한다. 그 언약갱신예식에는 어린이들이 함께 하나님 앞에 서야 한다.[31] 언약의 관점에서 보자면 어린이 예배가 따로 없고 모든 예배는 다 어린이 예배여야 한다. 말장난을 하려는 것이 아니다. 예수님의 말씀처럼 신자는 누구든지 하나님 앞에서 어린 아이로서 예배하기 때문이다. "천지의 주재이신 아버지요 이것을 지혜롭고 슬기 있는 자들에게는 숨기시고 어린 아이들에게는 나타내심을 감사하나이다. 옳소이다 이렇게 된 것이 아버지의 뜻이니이다"(마 11:25)라고 하신 주님의 말씀을 우리는 깊이 새겨야 할 것이다. 어린이들과 함께 예배하면 이 말씀의 뜻을 분명하게 알 수 있을 것이다. '어린이는 어른의 스승이다'라는 격언이 우연히 나온 것이 아님을 알 수 있다.

그동안 한국교회는 세대별로 잘게 나누어서 예배하고 교육한 것 때문에 고도의 성장을 이루었다. 세대별, 관심사별 소모임을 많이 만들어서 그 모임에 적합한 교육을 하므로 교제의 장이며, 그들의 욕구를 잘 충족시켜 주었다. 이제는 그것이 도리어 한국교회의 성장을 가로막고 있는 것이 아닌지 생각해 보아야 한다.[32] 니케아 신경에서 고백하고 있듯이 하나님이 한 분이시고, 그리스도께서 한 분이시고, 교회가 하나이고, 세례가 하나라는 것이 중요하다. 한 믿음, 한 고백이 중요한 것이다. 그렇지 않으면 우리의 믿음은 산산이 분열되고, 한 세대 내에서만이 아니라 세대가 흘러가면서 믿음과 고백의 동질성을 확보하기 쉽지 않을 것이다. 우리 사회에서 가장 큰 차이가 세대차이인데 교회 안에서도 하나도 다르지 않을 것이다. 이에 부모는 언약의 자녀를 자신과 똑같은 하나님의 백성, 교회의 회원이라는 것을 인식해야 하겠고, 교회는 언약의 자녀와 함께 예배하는 것을 기뻐해야 할 것이다. 자녀교육의 핵심은 언약의 신앙을 한 세대에서 다음 세대로 전달하는 것이다. 그래서 주님이 오시는 그 날까지 언약신앙이 보존되는 것이다. 이것이 하나님께서 택한 주의 자녀를 부르시고 구원하시는 방편이 된다. 교회의 사명은 주님이 맡겨주신 말씀을 마지막 날까지 변질시키지 않고 순전하게 보존하는 것이다. 이것 또한 주의 택한 백성을 남김없이 불러 모으는 길이 된다.

지금까지 우리는 언약의 자녀들을 어떻게 예배에 동참시킬 것인가를 논했지만 사실 주일학교의 '전도적 사명'을 생각하지 않을 수 없다. 부모와 교회는 언약의 자녀들을 돌보아야 할 뿐만 아니라 믿지 않는 아이들을 전도해서 그들에게도 말씀을 먹여야하기 때문이다. 이것을 위해 주일학교의 중요성은 여전히 남아 있다. 별도의 어린이 예배가 필요하다면 이런 전도의 목적도 분명히 있고 말이다. 불신 어른들의 경우 그들을 공예배에 참석시키는 것을 당연하게 생각하면서도, 불신 어린이들의 경우는 공예배에 참석시키는 것이 불합리하다고 말하는 것이 모순되기는 하지만 말이다. 생각해 보면 불신자들이 우리에게 기대하는 것은 자기들의 기대를 충족시켜 주는 프로그램들이 아니라 우리가 제대로 예배하는 것이다. 왜냐하면 사람은 타락했음에도 불구하고 예배하는 인생일 수밖에 없기 때문이다. 온 세대가 다함께 하나님을 진정으로 예배하고 하나님과 기쁨으로 교제할 때에 세상은 자신들의 죄됨과 자신들이 예배하려는 것이 바로 저 것이라는 것을 알게 될 것이다.

미주

1. 이 구절이 유아세례의 근거구절로 사용할 수 있는가를 가지고 논쟁하곤 한다. 신약성경에서는 유아세례를 베풀라는 직접적인 말씀이 없기에 이런 구절들이 유아세례를 지지해 주는 본문으로 종종 언급된다. 개혁교회의 유아세례 예식문에서도 이 구절은 등장한다. 우리는 웨스트민스터 신앙고백서 제1장 '성경에 관하여'에 근거하여서도 이 구절이 유아세례를 유추할 수 있는 구절이 될 수 있다고 본다. 이 구절은 그냥 단순히 예수님이 아이들에게 축복하셨다는 내용이 아니라 언약의 자녀를 인정하고 받으셨다는 것을 보여주기 때문이다.

2. 양용의, 『마가복음, 어떻게 읽을 것인가?』 (서울: 성서유니온선교회, 2010), 231, 232. 양용의는 이 문제를 아이들의 낮은 지위 그리고 그에 걸맞는 겸손한 태도와 연관시킨다. Jakob van Bruggen, *Marcus* (Kampen: KOK, 2007), 221-224. 판 브루헌은 제자들이 하나님의 나라를 위해 준비한다거나 기여하는 것이 아니라 아이들처럼 받아들여야 한다는 것을 강조한다. 이런 해석이 옳다고 본다. 그렇지 않고 아이의 성향과 태도의 관점에서 접근한다면 아이는 죄가 없다는 식으로까지 발전할 것이기 때문이다.

3. 언약이라는 단어는 히브리어 베리트(ברית)에서 왔다. 이 단어는 '자르다'는 뜻을 가지고 있다. 아브라함은 하나님의 명령대로 짐승을 반으로 잘라서 양쪽으로 벌여놓았다(창 15장). 언약의 두 당사자가 그 짐승들 사이로 지나가는데 약속한 대로 지키지 않으면 이 짐승들처럼 잘라질 것이라는 것을 보여준다. 그래서 '피로써 맺은 언약'이라는 말이 나왔다. 놀라운 것은 쪼갠 고기 사이로 타는 횃불이 지났다는 사실이다. 아브라함이 아니라 하나님이 그 쪼갠 고기 사이를 지나가셨다는 것을 보여준다. 언약을 파기하는 것에 대한 책임을 하나님이 스스로 지시겠다는 의지의 표현이다.

4. Meredith G. Kline, *The structure of Biblical Authority* (Eugene: Wipf & Stock, 1989). 성경 전체가 고대 근동의 계약문서의 형태를 취하고 있다는 것을 밝힌다. 특히 '신명기'는 계약문서를 그대로 빼닮았다는 것을 확인할 수 있다. 성경을 하나님과 그 백성간의 언약문서로 이해하는 것은 성경해석이며 우리의 신앙의 모습을 결정짓는다고 해야 할 것이다.

5. 끌라렌스 스탐, 『사랑의 언약』, 박상현 역, (부산: 사랑과 언약, 2010). 스탐은 그의 책을 다음과 같이 시작하고 있다. "이 책에서 하나님과 살아있는 관계로써 언약을 말할 때에, 우리는 오직 하나님만이 이 관계를 수립하신다는 사실을 분명하게 숙지해야만 한다."

6. 끌라렌스 스탐, 54.

7. 신명기 4:10의 '모으라'(카할)라는 말에서 '회중'이 나왔고, 이 말은 70인역에서는 교회(에클레시아)로 번역된다. 교회는 세상에서 불러낸 자들을 가리키는데, 그 불러낸

자들은 '하나님 앞에서 모일 때' 비로소 교회가 된다. 이렇게 교회는 이중적이다. 세상에서 분리되고, 하나님께 연합되는 존재 말이다.

8   장자끄 폰 알멘, 『구원의 축제』, 박근원 역 (서울: 아침영성지도연구원, 2000), 50-67. 교회는 예배 안에서 세례와 혼례 공동체(밖의 세상에서 교회를 모으는 운동), 보편적이고 사도적인 공동체(교회를 세상으로 보내는 운동)로 드러난다고 말한다.

9   마이클 호튼, 『개혁주의 예배론』, 윤석인 역 (서울: 부흥과 개혁사, 2012), 26.

10 J. van Genderen, *Covenant and Election* (Neerlanaia: Inheritance, 1995). 이 책에서 언약의 선택의 차이를 분명하게 설명하고 있다.

11 김헌수, 『영원한 언약: 유아세례 예식문 해설』 (서울:성약, 2014). 이 책은 유아세례 예식문을 잘 해설하고 있다. 한국교회가 이 예식문과 해설을 적극적으로 활용하면 좋겠다.

12 개신교회에 '입교식'confirmation이 있기에 유아세례 받은 아이가 교회의 완전한 회원이 아니라는 인상을 주기 쉽다. 입교라는 말이 교회회원이 되는 예식이라는 뜻이기 때문이다. 그래서 유럽의 개혁교회들에서는 '공적신앙고백'이라고 부른다. 유아세례 받을 때 그 유아가 신앙고백을 한 것이 아니기 때문에 자라서 자신의 입으로 공적으로 신앙을 고백하는 시간을 가지는 것이다. 이 공적신앙고백은 성찬참여를 허락하기 위한 예식이다.

13 시편 120편부터 134편까지는 '성전에 올라가는 노래'라는 표제를 달고 있다. 이 시편들은 절기를 맞아 예루살렘 성전에 올라가는 모습이며, 절기 때 같이 기뻐하고, 절기가 끝나 집으로 돌아가는 모습을 생생하게 노래하고 있다.

14 크리스티안 그레트라인, 『교회의 아이들』, 김상구·김은주 역, (서울: 기독교문서선교회, 2014), 28, 29. 저자는 아이들의 묘비에 '낭독자'(Lector)로서 활동한 것을 회상하는 기록이 있는 것을 소개하고 있으며, 6세기에 낭독자들이 5세에서 8세여야 한다는 지침을 언급하기도 한다. 이런 낭독자들은 주중에 주일예배시에 읽을 성경구절을 공부했다고 한다.

15 크리스티안 그레트라인, 29.

16 세례 이후의 죄 문제를 해결하기 위해 등장한 것이 '고해성사'이다.

17 크리스티안 그레트라인, 『교회의 아이들』, 181.

18 크리스티안 그레트라인, 181.

19 크리스티안 그레트라인, 182.

20 Scottie May, *children matter- Celebrating Their Place in the Church, Family, and Community* (Grand Rapids: William B. Eerdmans, 2005), 226-241. 저자는 어린이 예배의 4가지 형태와 각 형태에 맞는 유용한 자료들을 제시한다. 어린이가 회중 예배

전체에 참여하는 경우, 어린이가 예배의 일부분에 참여하는 경우, 아이들의 분리된 예배 경험, 가족중심의 예배가 그것들이다. 본인은 이것을 단순화시켜서 별도의 어린이 예배와 세대통합예배로 나누어서 설명하려고 한다.

21 헌법개정위원회, 『헌법』 (서울: 총회출판국, 2011), 예배지침 제35조, 주일학교의 예배에서 분명하게 규정하고 있다. 예수교 장로회 통합측 헌법에서는 다음과 같이 규정하고 있다. "교회학교 예배는 주일 예배와 분리해서 드리는 것이 아니라, 교회 공동체 안에서 함께 드리는 예배로 이해되어야 한다. 따라서 교회의 온 성도가 함께 드리는 주일 예배에 자주 참여하도록 한다"(제4편 예배와 의식, 제4장 예배의 분류). 이게 얼마나 실효가 있을지 모르겠다.

22 위의 책, 고신교회의 헌법 예배지침(제35조, 주일학교의 예배)에 이것 역시 분명하게 명시하고 있다.

23 David Ng, "Teaching Children to worship with adults", in *The Ministries of Christian Worship*. Vol., Ⅶ (Peabody: Hendrickson Publishers, 1993), 111.

24 크리스티안 그레트라인, 『예배학 개론』. 김상구 역, (서울: 기독교문서선교회, 2006). 383-386. 저자는 가족예배가 유아들을 둔 가족을 위해 매력적인 틀을 제공했다고 말하면서 주일의 다른 예전을 갱신하는 데에 도움을 줄 수 있다고 말한다. 이 가족예배는 세례와 교회력을 통해 더 큰 효력을 가져온다고 말한다.

25 본인이 시무하는 온생명 교회에 예배하러 온 여러 부모들이 자녀들이 별실에서 따로 주일학교예배를 드리지 않고 부모와 함께 예배드린다는 것을 알고는 당황하는 경우를 많이 보았다.

26 *Howard Vanderwell(edi.), *The church of all ages-generations worshiping together* (Plymouth: Rowman & Littlefield, 2008), 150-163. 특히, 음악이 세대를 분리시키는 것이 되어서는 안된다는 것을 힘주어 지적한다.

27 본인도 분기에 한번씩 1박2일로 초등부 학생들을 모아서 성경학교를 연다. 성경개관공부며 성경을 권별로 꾸준히 가르친다. 그리고 중학생이 되면 고등학교 졸업하기 전까지 공적신앙고백을 할 수 있도록 요리문답을 가르친다. 이 일이 힘들고 쉽지 않지만 아이들의 목사이기도 하기에 그들을 가르친다.

28 유럽의 개혁교인들은 아이를 주님의 교양과 훈계로 교육받게 하겠다고 서약한 것 때문에 다른 부모들과 힘을 합쳐서 '기독교학교'를 설립하여서 자녀들을 양육한다. 기독교학교의 설립주체는 자기 자녀를 유아세례받게 한 부모라는 것을 알 수 있다. 교회가 사업의 목적으로 기독교학교를 세우는 것이 아니라는 사실이다.

29 목사후보생이 예배를 인도하고 설교를 할 수 없다. 목사후보생은 당회의 지도하에 경건회를 인도하고, '권면의 말'*edifying words*을 한다고 보아야 할 것이다.

개혁교회에서는 설교에 대한 엄중한 생각 때문에 목사가 아니고서는 설교를 할 수 없고, 목사조차도 공예배때 하는 설교 외에 심방이나 기타 경건회, 기도회 등에서 성경을 가지고 권면하는 것을 '권면의 말'이라고 지칭한다.

30 크리스티안 그레트라인, 『교회의 아이들』, 32, 33. 저자는 아이들의 무조건적인 의존성이 하나님 앞에 서 있는 모든 인간의 근본 상황을 기억나게 한다고 강조한다. 즉, 아이들을 통해 어른은 모든 인간적 활동을 상대화시키라는 소리를 듣게 되는 것이다. 아이는 믿음의 본질인 하나님의 약속과 은혜를 분명하게 보여준다. 아이들이 어른의 스승인 셈이다.

31 안재경, 『종교개혁과 예배』 (서울: SFC출판부, 2016), 20-23. 예배는 지금도 계속되는 언약갱신예식이다. 그 언약갱신예식에는 아이들이 함께 하나님 앞에 섰다.

32 Rich Melheim and Friends, *Let's Kill Sunday School: before it kills the church* (MN: Faith Ink, 2014). 이 책 제목은 주일학교가 교회를 죽이고 있다는 것을 과장하듯이 표현하고 있다. 그런데 언약에 근거하여 모든 세대가 함께 예배하고 하나님을 알아가는 것을 다양하게 시도하고 있다는 것을 눈여겨 보아야 할 것이다. 저자와 견해를 같이 하는 이들이 아래와 같은 자료를 제공한다. http://homegrownfaith.net/wp-content/uploads/2013/10/CROSS-GEN-Resources-3.15.pdf
주일학교가 교회를 망치는 것이 아니라 도리어 주일의 공예배가 경직되어 있기에 어린이들과 청년들이 교회를 떠나려고 한다는 것을 지적하는 이들도 많다. https://faithgeeks.wordpress.com/2016/06/29/lets-stop-blaming-sunday-school-for-killing-the-church/

참고자료

그레트라인, 크리스티안. 『교회의 아이들』. 김상구·김은주 역, 서울: 기독교문서선교회, 2014.

_____. 『예배학 개론』. 김상구 역, 서울: 기독교문서선교회, 2006.

김헌수. 『영원한 언약: 유아세례 예식문 해설』. 서울: 성약, 2014.

안재경. 『종교개혁과 예배』. 서울: SFC출판부, 2016.

양용의. 『마가복음, 어떻게 읽을 것인가?』. 서울: 성서유니온선교회, 2010.

스탐, 끌라렌스. 『사랑의 언약』. 박상현 역, 부산: 사랑과 언약, 2010.

폰 알멘, 장자끄. 『구원의 축제』. 박근원 역, 서울: 아침영성지도연구원, 2000.

호튼, 마이클. 『개혁주의 예배론』. 윤석인 역, 서울: 부흥과 개혁사, 2012.

헌법개정위원회. 『헌법』. 서울: 총회출판국, 2011.

Kline, Meredith G., *The structure of Biblical Authority*. Eugene: Wipf & Stock, 1989.

May, Scottie. *Children Matter - Celebrating Their Place in the Church, Family, and Community*. Grand Rapids: William B. Eerdmans, 2005.

Ng. David, "Teaching Children to worship with adults", in *The Ministries of Christian Worship*. Vol., Ⅶ. Peabody: Hendrickson Publishers, 1993.

Melheim, Rich. *Let's Kill Sunday School: before it kills the church*. MN: Faith Ink, 2014.

van Bruggen, Jakob. *Marcus*. Kampen: KOK, 2007.

Vanderwell, Howard(edi.). *The church of all ages - generations worshiping together*. Plymouth: Rowman & Littlefield, 2008.

van Genderen, J. *Covenant and Election*. Neerlandia: Inheritance, 1995.

http://homegrownfaith.net/wp-content/uploads/2013/10/CROSS-GEN-Resources-3.15.pdf

https://faithgeeks.wordpress.com/2016/06/29/lets-stop-blaming-sunday-school-for-killing-the-church/

4장

박신웅

어린이
예배의

어제, 오늘
그리고 내일

어린이 예배의 어제, 오늘 그리고 내일

박신웅 박사
(총회교육원 원장)

지금까지 우리나라 주일학교의 어린이 예배는 적잖은 큰 틀의 변화를 경험해오고 있다. 초창기에는 어른들의 예배 순서를 그대로 답습하는 형태로 시작해서, 점차 게임과 놀이를 예배에 도입하여 어린이들의 적극적 참여를 유도한 형태를 거쳐 현재는 어떻게 예배 드려야 할지 다시금 고민하는 시기에 이르렀다. 한창 주일학교가 뜨겁게 일어나던 시기인 7-80년대를 거치면서 정례화 된 '예배-분반공부-2부 활동'으로 이어지는 주일학교 교육의 전체 패러다임에서 예배는 중요한 역할을 해오고 있다. 특별히 이전의 게임과 놀이를 중심으로 진행된 어린이 예배는 2000년대의 주일학교 현장을 뜨겁게 달궜고 많은 교회들의 호응과 반응을 끌어내기도 했다. 하지만 시간이 흘러 저출산과 고령화의 광풍이 오늘의 주일학교에도 영향을 주어 심각한 주일학교의 위축현상이 나타나면서 고민은 깊어진다. 특별히 이전에 비해 생명력을 잃어가는 주일학교 활동들의 중심에 있는 어린이 예배, 그리고 힘들어하는 어린이들을 보면서 과연 이 시대에 '어린이 예배를 어떻게 할 것인가?' 다시금 고민에 빠지게 된다.

어린이 예배의 소고

어린이도 예배할 수 있는가?

이제 근원적인 질문부터 다시 시작해보면 어떨까? '어린이 예배를 어떻게 할 것인가?'라는 질문에 앞서 '어린이도 하나님께 예배할 수 있는가?'라는 질문에서 시작해 보자. 다소 도발적인 이 질문은 어쩌면 오늘의 교회나 신앙의 가정에서는 그다지 적절하지 않게 느껴진다. 하지만 다음의 질문들을 받게 된다면 상황은 달라진다.

- 회심하기 전의 어린이도 하나님께 예배드릴 수 있는가?
- 이성과 영성이 발달하지 않은 어린이가 설교를 통해 성경의 내용을 이해하고 받아들일 수 있는가?
- 신앙이 심겨지기 전, 예전에 참여하고 찬양하는 것은 어떤 의미가 있는가?
- 교육적 기능을 강화하기 위해 예배가 희생되거나 손상을 입어도 되는가?

그래서일까? '어린이도 예배할 수 있는가?'라는 본질적인 질문을 하면서 어린이 예배에 대해 부정적인 반응을 보이는 부류의 사람들도 많이 보게 된다. 예를 들어 고원석 교수가 지적한 것처럼 어떤 이는 "어린이 예배가 진짜 예배인가?"라는 질문까지도 한다고 한다.[1] 어린이 예배는 예배가 아니라는 말보다 어쩌면 더 무서운 질문이 아닐 수 없다. 이에 반해 전술한 질문들에 대해 다음의 반론의 질문을 또한 던질 수 있을 것이다.

- 그럼, 어린이는 전혀 예배드릴 수 없는가?
- 신앙이 부족한 사람은 예배의 자리에 오지도 못하고, 신앙을 가져야만 예배 참석이 가능한가?
- 신앙을 가졌다는 기준은 무엇이며, 어떤 기준에서 예배 참석 가능자를 규정할 수 있는가?
- 세례를 받으면 예배 참석이 가능한가? 그럼, 유아세례와 같이 부모가 신앙을 가지고 자녀를 믿음으로 양육하려고 하면 그들은 예외인가?

다소 논쟁적일 수 있는 이러한 질문들은 결국은 '어린이도 예배드릴 수 있는가?'라는 첫 질문에 수렴되는데, 이는 '어린이 예배'의 가능성, 이에 따른 '어린이 예배'라는 용어 사용 가능성, 그리고 그에 맞는 어린이 예배 형식의 가능성에 대해 논하는 주춧돌이 되는 질문이라 할 수 있다. 하지만 본 글에서는 이러한 논의는 너무 많은 내용을 담아야 함으로 이것에 대한 이견이 있을 수 있음을 말하면서 결론적으로는 가능하다는 전제 위에 논의를 진행하려 한다. 성경의 전통과 예수님, 그리고 고대 교회의 전통이 그러했기 때문에.

어린이도 예배할 수 있다!

실제로 예수님의 말씀과 교회의 오랜 전통을 살펴보면, 우리 신앙의 선배들은 어린이들이 예배에 참여하는 것을 반대하지 않았다. 오히려 우리 주님은 당시 유대 사회에서 소외되었던 어린 아이들을 시대상황과는 정면으로 거스르셨다. 오히려 아이들이 당신께 오는 것을 환영하셨고 용납하셨다. 그 전통을 따라 초대교회 이래로 교회는 어린이들의 예배참여를 독려했다.

"예수께서 가라사대 어린 아이들을 용납하고 내게 오는 것을 금하지 말라. 천국이 이런 자의 것이니라."고 하신 공관복음서의 구절은 (마 19:4; 막 10:14; 눅 18:16)은 고대 교회에 "진정한 예배는 오직 성인들만을 위한 것이라는 편만한 고정관념에 도전"한 것으로 간주되었는데[2] 예수님께서는 어린이들도 언제든 당신께 나아올 수 있는 자격이 있음을 가르쳐주셨다고 볼 수 있다.

사실, 고대 사회에서 어린이는 공적으로 의견을 제시할 수 없었으며, 종교적으로도 그다지 존중받지 못하는 존재였다.[3] 하지만 우리 주님은 그들을 환영하셨고, 교회는 그들을 그들의 예배에서 중요한 역할을 담당하도록 초대했다. 이에 대해 그레트라인은 예수님 이후 고대 교회에서 어린이들이 매 예배 때마다 예배의 순서 중 중요한 '복음서 낭독'과 '어린이 성가대'의 역할을 맡았고 이러한 전통이 오늘에도 어린이 찬양대와 같은 형식으로 남아 있음을 지적한다.[4] 특별히 6세기경에는 최소한 5-8세 어린이들은 주일 예배 중 성경봉독자로서 예전에 직접 참여했으며, 이들은 주일에 봉독할 내용을 주중에 배우고 익혀서 리듬과 가락을 넣어 봉독했다고 한다.[5] 결론적으로 성경과 고대교회의 오랜 전통은 어린이들을 예배에 소외시키지 않았고 오히려 "어린이도 하나님께 예배드리도록 지음 받았다"는 사실을 인정하고 그대로 시행했음을 알 수 있다.[6]

어린이 예배가 분리되다!

신약성경이 기록된 이래, 고대 교회와 이어진 교회 역사를 통해 교회는 어린이들이 예배에 직접적으로 참여하는 것을 자연스럽게 여겼고, 어린이들과 성인이 함께 예배드리는 것을 중시하였다. 하지만 중세 이후 일방적으로 성인들에게 맞춰진 예배와 교리교육으로 인해 아이들은 점차 예배에서 소외되기 시작했고, 결국 세례 받지 않은 아이들은 깨끗하지 않은 것으로까지 간주되기에 이른다.[7] 이로 인해 더 이상 어린이들은 예배에서 설 자리가 없어졌고, 성인 중심의 예배가 주류를 이루게 되었다. 어린이는 "미성숙한 자"로 여기며[8] '장래의 예배자'나 '침묵으로 참여하는 예배자' 정도로 치부되게 되었던 것이다. 이러한 현상은 중세를 거쳐 주일학교 운동이 일어날 때까지 지속되었는데, 비록 종교개혁 당시에 어린이를 위한 신앙교육과 교리문답교육은 활발하게 일어났지만, 정작 어린이들이 예배에서 역할을 담당하는 직접적인 참여는 사라지고 말았다.

이렇듯 어린이들이 직접 예배에 참여하지 못하게 됨으로 점차 어린이들은 능동적, 적극적 예배 참여자가 아닌 수동적 방관자로 자리매김하게 되었고, 그것을 당연시하는 분위기가 생겨났다. 이에 반해 성인들은 예배의 중심에 있었지만, 어린이는 예수님 이전 시대에 그랬던 것처럼 다시금 어른들과 교회에서 백안시되는 존재가 되었고, 예배에서 어린이들의 참여 동기를 부여하는 순서나 예배 구조는 사라져갔다.

하지만 18세기 영국에서 주일학교 운동이 일어나면서 상황은 반전된다. 어린이들이 다시금 예배에 직접적으로 참여하게 되고, 나아가 어린이들만 독립적으로 예배드리는 것까지 발전하게 된다. 이 주일학교 운동은 산업혁명으로 부모들이 직장에 내몰린 사이, 집과 사회에서 방치된 어린이들을 돌보아야 할 필요에 따라 어린이들이 중심이 된 모임으로 발전하여 큰 사회운동이 되었고, 교회를 중심으로 어린이 예배의 형태로까지 나아갔다. 물론, 로버트 레이크스(Robert Raikes 1735-1811)에 의해 시도된 초기의 주일학교 운동은 빈민 어린이들의 일상생활에서 필요한 기초교육 중심으로 '사회봉사적 성격과 읽기, 쓰기를 가르치는 기초 교육적 성격'에 충실하려 했다. 그러나 미국으로 건너간 이 주일학교 운동은 국가와 교회가 엄격히 분리된 미국의 상황이 반영되어, 교회 내에서 '교회 전도적 성격'을 띠고 성경과 종교수업에 집중하는 방식으로 발전하였다. 그리고 점차 신앙교육을 위한 어린이 중심의 예배를 강조하는 어린이 예배에도 지대한 영향을 주게 된다.[9]

이 미국의 주일학교 모델은 독일로 수입되는데, 독일인 빌헬름 브로켈만(Wilhelm Brockelmann)에 의해 신앙교육과 예배에 집중하는 주일학교 운동으로 독일 전체로 확산, 발전하였다. 특별히 학교에서도 종교교육이 가능한 독일에서는 교회의 주일학교는 학교의 종교교육과는 구별되었다. 독일 교회의 주일학교는 전술한 바와 같이 예배와 신앙교육에 초점이 맞춰져 점차 '어린이 예배(Kindergottesdienst)'라는 명칭으로 불리기 시작해서 지금은 이 이름으로 운영되고 있는데, 예배의 형태를 살펴보면 목회자가 예배를 인도하고 교사는 보조하는 방식의[10] 지금의 우리나라에서 주로 이루어지는 주일학교의 모습을 그대로 보인다.[11]

이렇듯 미국식 주일학교의 영향을 받은 독일을 비롯한 우리나라의 주일학교 교육은 어린이 예배라는 용어를 점차 자연스럽게 사용하게 되었고, 어린이 예배가 성인들의 예배와 분리 혹은 차별되게 독립적으로 드려지기에 이른다. 급기야 이제는 어린이 예배는 으레 따로 드려지는 독립적인 예배임을 누구도 부인하지도 않게 되었다.

근래의 어린이 예배 형식에 대한 분석

분석을 위한 기준: 개혁주의 예배의 특징[12]

기독교 예배는 이교도들의 그것과는 상이한 차이를 보인다. 이것에 대해 제임스 드 종은 삼위 하나님의 사역에 기독교 예배의 기초가 있으며, 그 중에서도 예수 그리스도의 십자가와 부활 사건이 그 중심에 있다고 한다. 이로 인해 모든 그리스도인들은 예수 그리스도의 이름으로 전능하신 하나님께 나아갈 수 있으며 이 내용을 선명히 보여

주는 성경이 기독교 예배의 방법과 형식(구조)을 제시한다고 한다.[13] 예수님의 이름과 성경이 예배의 기초가 되어야 한다는 말이다.

반면 이교적인 예배는 기복적이며 인간 중심의 모습을 보이는데, 이로 인해 인간이 신을 섬기기보다 신이 인간의 필요와 요구에 봉사하는 것을 당연시한다.[14] 실제로 정일웅 교수는 이것에 대해 기독교 예배는 "일차적으로 인간이 하나님을 섬기는 행위가 아니고, 하나님이 인간을 섬겨주신 하나님의 일(opus dei)로" 하나님이 우선적으로 하신 일에서 시작해야지 인간의 필요와 요구가 우선되면 안 된다고 한다.[15] 이런 의미에서 예배는 하나님께서 자신을 주심, 하나님의 사랑이 예배 공동체 안에 드러나는 것이 우선이 되어야 하고 그것에 대한 응답으로 예배자는 찬양과 기도, 말씀의 수납과 헌금 등을 통해 하나님께 나아가고, 하나님과 연합하는 은혜를 누린다.[16]

이러한 기독교 예배에 대한 기본 내용에 종교개혁의 전통을 더해 개혁주의 예배를 정의할 수 있다. 제임스 드 종은 개혁주의 예배는 한 마디로 "하나님께서 찬양받으시고 그의 교회는 축복을 받는, 하나님과 하나님의 백성 사이에 규정된 연합 집회"라고 정의한다.[17] 그에 의하면 예배는 연합한 집회(corporate meeting)로 개인의 묵상이나 명상의 시간이 아닌 하나님과 그의 백성 사이에 규정된(정해진) 집회로 하나님은 찬양받으시고(be praised) 교회는 축복받는(be blessed) "하나님의 임재 안으로" 들어가는 행위라고 한다.[18] 이러한 정의를 기반으로 라이스와 후프스툴러는 개혁주의 예배의 6가지 특징에 대해 말하는데, 그 내용을 요약하면 다음과 같다.[19]

(1) **공동체 중심** : 개혁주의 교회는 교회를 언약적 공동체로 이해한다. 그러므로 예배를 개인적으로 생각하지 않고 성찬을 통해 공동체적으로 행하는 것으로 간주한다.

(2) **성도들의 참여** : 예배의 찬양은 성도들이 마땅히 해야 할 일이며, 설교는 단순한 독백이 아닌 성도들이 화답하며 받아야 할 말씀이다.

(3) **단순성** : 개혁교회의 예배는 사람이나 과제에 집중하기보다 하나님의 말씀에 집중한다. 그러므로 예배당의 기구들마저도 장식의 의미보다 예배에 유용한지를 살펴서 사용해야 한다. 동일한 맥락에서 언어는 청중이 모르는 거추장스러운 말이 아닌 이해할 수 있는 언어를 쓰도록 했는데, 심지어 칼빈은 코멘트 없는 성경봉독의 위험성을 말하기도 했다.

(4) **말씀과 성례의 조화** : 말씀과 성례의 조화는 개혁교회의 전통적인 강조점이다. 주의 성찬은 항상 선포된 말씀과 함께 강조되었는데, 단순히 설교를 듣는 것으로만 예배가 성립되는 것이 아니라 오감을 사용한 성례를 통해서 완성됨을 기억해야 한다.

(5) **시편의 강조** : 종교개혁 이후 개혁교회는 지속적으로, 공동체적으로 시편의 찬송을 해왔다. 이는 함께 모여 찬양하는 것에 그치지 않고 이를 통해 개인적인 기도와 찬송으로 나아가도록 돕는다. 왜냐하면 시편이야말로 성경의 깊은 영성을 보여주기 때문이다.

(6) **적응성(adaptability)** : 개혁교회 전통은 항상 개혁해가는 것을 선호해 왔다. 그래서 과거에 머물지 않고 늘 성경의 기준에 부합하도록 더욱 개혁해 나가는 것을 가장 중요한 모토로 삼고 있다. 이로 볼 때 예배 또한 지속적으로 오늘의 성도들이 성경의 기준에 부합하도록 개혁해 나가야 할 것이다.

한국교회의 예배의 형식의 변화

허도화에 의하면 한국교회의 예배 형식은 크게 다섯 시기로 나뉘어 변화되었다고 한다.[20] 그 첫째는 '예배 형성기'(1879-1900년)로 한국에서 활동하던 선교사들, 특별히 미국 교단의 배경을 가진 선교사들에 의해 예배 형식이 소개되면서 시작되었다고 한다. 이때는 한국교회는 자체적인 예식서가 없이 회심자들을 얻기 위한 성격의 간단한 예배 형식으로 진행되었다고 한다.

둘째는 '예배 전통기'(1901-1930년)로 교회와 교단이 조직된 한국교회의 지도자들이 선교사들로부터 예배훈련을 받아서 예배규범과 전통을 세우던 시기이다. 1907년의 부흥운동의 영향으로 "주정주의적 경향을 띤 설교 중심의 사경회, 그리고 경건과 성령운동을 강조한 기도회"의 영향을 받은 예배 모습이 나타난다고 한다.[21]

셋째는 '예배 토착기'(1931-1960년)로 한국형 예배의 모습이 점차 드러난 시기라고 한다. 이때는 한국의 상황이 일제 강점기의 핍박과 한국전쟁의 동족상잔의 비극을 가진 시기이며 교회는 교회대로 신사참배문제로 나뉘는 아픔도 겪어 여러 모양의 예배 형태가 나타나게 되었다고 한다.

넷째는 '예배 굴절기'(1961-1990년)로 과열된 교세확장과 개교회주의의 열기로 양적인 성장을 위한 '하나의 프로그램'으로서 예배가 '이용'되던 시기로, 곧 예배가 굴절된 시기라고 한다. 이 시기에 교회의 대형화가 이루어짐에 따라 개별 교회의 예배 예식이 강조되면서 교단의 예배형식도 무시되기 시작했다고 한다.

마지막으로 1990년 이후의 '예배 갱신기'로 각 교단별로 전문적인 연구 인력에 의해 예식서들이 체계적으로 연구되어 나오기 시작한 시기이다. 이 시기에 '경배와 찬양'과 같은 찬양을 통한 예배 갱신에 대한 관심도 높아지기 시작했다. 나아가 이때 이후로 다양화된 예배 형식이 시도되었는데, 구도자들을 위한 예배나 멀티미디어를 사용한 예배가 교회별, 교단별, 지역별로 시도, 발전하게 되었다.

한국교회의 어린이 예배의 형성과 변화

이렇듯 성인들의 예배에 대한 연구는 체계화, 구체화된 반면, 아쉽게도 한국교회의 어린이 예배의 역사에 대한 체계적이고, 구체적인 연구는 지금껏 잘 알려지지 않고 있다. 다만 주일학교 운동이 한국교회에 정착된 시기와 맞물려 한국교회에서도 어린이 예배가 시작되었을 것이라는 추정은 충분히 가능하다.

최초의 주일학교는 비교적 이른 시기인 1888년 1월 15일에 미국 북감리회 여선교사 스크랜턴 부인의 인도로 학생 12명과 부인 3명이 모여 성경공부한 것을 그 시작으로 보고 있다.[22] 1922년에는 최초의 여름성경학교가 평양 선천에서 마포삼열 선교사의 부인으로부터 시작되었고, 이후 장로교가 중심이 된 조선주일학교연합회가 활동을 하면서 본격적인 주일학교와 여름성경학교 활동이 진행되었다.[23]

예장 고신 교회의 경우, 1952년 9월에 창립되었는데, 그 다음해인 1953년에 미국의 크리스천 개혁파교회(CRC)의 유년부 공과를 번역한

'유년주일학교 통일공과'를 발간하고, 1954년에는 총노회(오늘의 총회)에서 종교교육부를 세웠으며, 1956년에는 하기아동성경학교 교안을 만들었는데, 이것이 예수교장로회 고신 교단의 여름성경학교의 시작이다.[24]

이런 모든 정황을 살펴볼 때, 주일학교와 여름성경학교를 중심으로 예배와 성경공부가 진행되어왔음을 충분히 추정할 수 있다. 이때의 정확한 예배의 형식은 잘 알려져 있지 않다. 다만, 이때 이후로도 1990년대가 지나기까지 계속해서 어린이 예배는 어른예배의 형식과 구조(순서)를 거의 대부분 답습해 오고 있음을 알 수 있다.

일례로, 1980년에 발간된 예장 고신의 여름성경학교 교사용 교본을 보면 예배의 종류가 ①개교 예배, ②새벽 예배, ③낮 예배, ④밤(오후) 예배를 드릴 것을 권하는데, 모두가 당시의 성인들의 특별집회의 예배 형식과 흡사하다는 것을 알 수 있다.[25] 비슷한 시기에 오랫동안 어린이 관련 사역을 했던 심군식 목사는 어린이 예배의 형식을 말하면서 성경학교가 아닌 평소의 주일학교에서도 ①주일 낮 예배, ②주일 오후 또는 저녁 예배, ③수요일 밤 예배, ④새벽 기도회를 드릴 것을 당부한다. 아울러 그는 이 때 예배의 순서를 '찬송-기도-성경봉독-찬양-설교-찬양-축도 혹은 주기도문'으로 진행할 수 있다고 말한다.[26] 이 또한 평소 성인들의 예배 형태와 순서를 그대로 따라하고 있음을 보여주는 대목이다.

놀라운 것은 이로부터 10년이 지나 1997년에 이 책의 6판이 개정되어 발행되었는데, 이 예배의 형식과 순서에는 변함이 없이 그대로 출간되었다.[27] 비록 한 교단 내의 모습이고, 그 내용에서는 대상에 맞춘 언어와 방법(미디어)을 사용했을지 모르나, 어린이들을 대상으로 한 어린이 예배의 형태와 순서는 오랜 기간 별다른 고민의 대상이 아니었음을 보여준다 하겠다.

이 시기에 어린이 예배 갱신에 관한 글을 쓴 신숙진은 어린이 예배의 구조적 문제를 지적하면서 예배순서의 용어 사용에 대해 지적한다.[28]

> 대체로 어린이예배는 묵도, 찬송, 기도, 성경낭독, 특별찬양, 말씀증언, 기도, 찬송으로 구성되어 있는데, 여기서 나타나는 가장 큰 문제 중 하나는 "아동의 예배"가 아니라 "교사중심의 예배"의 구조가 지배적이라고 할 수 있다. 근래에 들어 묵도나 교독, 봉헌과 같이 어려운 용어를 고치려는 모습이 보여지기는 하지만, 여전히 어린이의 눈높이에 맞는 적절한 용어가 부족하며, 사회자가 진행하는 것을 습관적으로 따라하는 경우가 대부분이다. 어린이예배에서 사용되는 용어는 무엇보다도 그들의 쉽게 이해할 수 있는 표현을 사용하여 어린이가 하나님께 예배하는데 보다 능동적으로 참여할 수 있게 하는데 효과적이다.

같은 맥락에서 임형택은 어린이 예배가 지나치게 축제적 분위기와 흥미 위주로 기우는 것을 경계하면서도 동기부여 측면에서 참여자인 어린이의 발달 심리학적 차원과 집중력을 고려한 예배 형식이 절실함을 지적한다.[29] 조혜정은 예배의 구조와 내용적인 측면에서 교역자나 교사인 성인이 어린이 예배의 주체가 되고 오히려 어린이들은 객체로서 수동적 참여자와 구경꾼이 되는 현실적 문제를 지적한다.[30] 나아가 김국환은 보다 근본적인 문제를 지적하는데, 2000년대의 교회교육의 한계를 말하면서 예배를 포함한 전 과정이 '주일학교'라는 학교식 시스템을 따름으로 타율에 의한 주지주의적 지식전달에 집중하여 학생들로 하여금 자율적이고 영적인 교감을 이루는데 어려움을 주고 있음을 지적한다.[31]

이처럼 이들이 공통적으로 지적한 당시의 우리나라 주일학교 어린이 예배의 모습은 전술한 독일 주일학교의 어린이 예배 형식을 그대로 답습하고 있음을 알 수 있다. 즉, 목회자가 인도하고 교사는 보조하는 방식, 그리고 어린이들은 수동적으로 참여하는 방식의 예배의 모습이 지난 2000년대까지 변화 없이 오랫동안 지속되었던 것이다. 그리고 이러한 현실에 대한 문제의식이 2000년 전후에 본격적으로 나타나기 시작했다.

새로운 어린이 예배 형식의 등장

전통적인 형식의 어린이 예배에 대한 대안으로 축제분위기를 도입한 새로운 어린이 예배 형식(New Formation of Kids' Worship)이 2000년을 전후로 나타나기 시작했다. 메빅(MEBIG), 윙윙(Wingwing), 와우큐키즈(WOW-Q-KIDZ), 앤프랜즈(nFRIENDS) 예배와 어와나(AWANA) 프로그램이 그것들이다. 이 예배들은 어린이들의 집중력과 흥미를 유발시키고, 축제적 분위기를 조성하며, 어린이의 참여를 극대화하는 방식으로 외국에서 수입되거나 혹은 한국교회에서 변형되어 형성된 어린이 예배 형식이다.[32]

새로운 어린이 예배 형식들

메빅 (MEBIC)

메빅(MEBIC)은 기억을 뜻하는 MEMORY의 앞두자 ME와 성경을 뜻하는 BIBLE의 앞두자 BI, 그리고 GAME의 첫 자 G를 붙여서 이루어진 조어다. 성경을 암송하고 신나는 놀이를 통한 게임으로 마음 문을 열어 예배에 집중할 수 있도록 한다는 의미로 만들어진 예배 활동이다.[33]

메빅은 선교가 잘 되지 않는 일본의 우치코시 곤베이 목사가 1985년 4월 일본 삿보로 아이런채플 그리스도교회에서 어린이들의 관심을 끌고 그들을 전도하기 위해 게임을 예배에 접목하면서 시작된 어린이 예배 형식이다. 이 어린이 예배 형식을 1997년 삼일교회(서울 중계동 소재)에서 받아들여 한국교회에서 처음으로 시작되었다. 이후 많은 교회들이 메빅의 예배형태를 따라함으로 엄청난 반향을 일으켰고, 게임, 그리고 캐릭터를 통한 전혀 새로운 형식의 예배가 진행되었다.

윙윙 (Wingwing)

윙윙(Wingwing)은 2002년에 한국에서 메빅을 처음으로 시작했던 삼일교회가 일본으로부터 메빅 자료를 제공받기 어렵게 되자 자체적으로 메빅의 원리에 셀의 대그룹과 소그룹의 양 날개(사 40:31) 개념을 도입하여 한국형 어린이 예배 활동으로 개발한 프로그램이다.[34] 메빅과 비슷하게 게임과 캐릭터가 등장하지만 예배 중간에 게임이 등장하는 메빅과 달리 윙윙은 예배 선언 전에 게임을 주로 진행하고, 공원전도나 리더캠프와 같은 이벤트 행사들을 보다 다채롭게 진행하였다.

와우큐키즈 (WOW-Q_KIDZ)

와우큐키즈(WOW-Q_KIDZ)는 '예배의 모든 것'을 뜻하는 Whole of Worship의 약자인 WOW와 '문화를 통한 전도'를 의미하는 Culture unto evangelism과 '어린이'를 뜻하는 KIDZ를 붙인 말이다. 미국의 〈Metro Ministry〉에서 시작한 사역을 2002년에 한국의 '낮은 울타리'라는 문화선교단체에서 여름성경학교 프로그램으로 도입하면서 시작되었다.[35] 이름에서 알 수 있듯이 와우큐키즈는 낮은 울타리가 n세대의 예배 프로그램으로 받아들여서 예배의 회복에 초점을 맞추되, 어린이 문화코드에 맞게 접근하여 듣기만 하는 설교가 아닌 오감을 활용한 설교를 중심으로 전체 예배가 진행되도록 하였다.

앤프랜즈 (nFRIENDS)

앤프랜즈(nFRIENDS)는 2005년 명성교회가 메빅의 토착화 예배 프로그램으로 발전시킨 것으로 Jesus and Friends에서 and를 n으로 줄여 쓴 형태의 이름이다. 예수님과 친구들, 그 사이에서 다리가 되겠다는 다짐의 의미로 사용하였다고 한다.[36] 전술한 다른 예배 형식들이 지금은 조금은 소강상태에 있는 듯하나, 앤프랜즈는 현재도 활발하게 진행되고 있는 어린이 예배 형식으로 여러 찬양 앨범과 다양한 활동들을 지속적으로 발전시켜 나가고 있는 것으로 보인다.

어와나 (AWANA)

엄밀히 말하면, 위의 어린이 예배 형식들과는 궤는 달리하지만 어와나(AWANA)도 게임과 성경공부 그리고 캐릭터가 등장하는 이 새로운 예배 형식의 흐름을 그대로 반영하는 프로그램 중 하나로 볼 수 있다. 어와나(AWANA)는 디모데후서 2장 15절의 '부끄러울 것이 없는 인정된 일꾼'이라는 뜻의 Approved Workmen Are Not Ashamed의 약자이다. 세상의 모든 어린이와 청소년들이 예수 그리스도를 알고, 사랑하고, 섬기게 되도록 하는데 그 목적을 두고 1943년에 시작되었고, 한국교회에는 1990년에 온누리교회를 중심으로 소개된 것으로 알려져 있다.[37]

각 예배 모형의 분석: 공통점, 특징 그리고 비평

전술한 개혁주의 예배의 특징에 맞춰 각 예배 형식들이 시작된 곳, 예배 구조(순서), 공통점과 특징(차이점), 그리고 비평을 표를 통해 살펴보면 다음과 같다.

① 메빅 및 메빅을 근원으로 한 윙윙, 앤프랜즈는 게임, 캐릭터, 암송의 가장 기본적인 구조를 그대로 반영하고 있다. 이를 통해 어린이들이 즐거워하는 예배, 영감이 넘치는 예배, 메시지가 반복, 전달되고 집중력이 있는 예배, 어린이와 교사가 함께 하는 예배, 축제 분위기의 예배가 되도록 하고 있다.[38] 그리고 메빅이 게임과 예배가 혼재된 형태였다면, 윙윙과 앤프랜즈는 이것을 한국화하면서 게임과 예배를 구분하려는 노력들을 하고 있음을 알 수 있다.

② 어와나를 제외한 나머지 형태들은 예배를 모든 활동의 중심에 놓고 말씀선포를 중심에 놓으려 하고 있다. 하지만 대체로 예배의 순서가 어린이들이 전체를 한눈에 이해하기에는 너무 복잡하여

〈어린이 예배 형식 순서와 공통점〉

	메빅	윙윙	앤프렌즈	와우큐키즈	어와나
시작된 곳	일본	한국(화)	한국(화)	미국	미국
예배 구조 (순서)	영어찬양 신앙고백 찬양 게임 찬양 캐릭터 찬양단 광고 **말씀암송** 기도 찬양 **설교** 헌금 목회기도 및 주기도문 분반공부	**교사기도회** 시작 선언 오프닝 게임시간 캐릭터시간 **예배 선언** 찬양 경배 통성기도 헌금 **성구낭송** **설교** 통성기도 **성구암송** 찬양 주기도, **축도** 광고 추첨 마지막 인사 **분반모임**	**예배 전 활동** 카운트 다운 게임 찬양과 율동 **예배** 예배에로의 부름 **신앙고백** 경배와 찬양 기도 **암송** 찬양대 무비 설교 결단찬송 헌금 주기도 **예배 후 활동** 광고 새친구 환영 **반별모임**	오프닝준비 팀 리더 소개 게임 **카운트다운** 규칙설명 기도시작 **요절/ 챤트** 찬양 **침묵시간** 드라마 실험 동화 **말씀** 결단의 기도 캐릭터 헌금 주기도문 시상 축하/ 광고 **축복하며 보내기**	게임시간 핸드북(공과) 시간 **암송,** 성경연구 교제시간 찬양, 율동, 광고, 시상식
공통점	예배에 게임, 캐릭터 등을 통해 축제분위기를 만들어 어린이의 참여를 극대화함. 성경암송을 중심에 두고 있음. 준비하는데 많은 시간과 노력이 필요함. 공동체적인 활동이 많음. 상황에 대한 적응성이 높음. 어린이 예배 특성상 성례 순서가 없음. 설교 후 화답하는 결단기도와 찬송 등의 순서가 있음. 윙윙을 제외하면 축도가 없음.				

순서 준비와 노력에 많은 애를 쓰게 되어 있다. 또한, 교사와 교회의 많은 노력과 헌신이 필요해 규모가 작거나 교사의 수가 적고 재정 투입이 어려운 교회는 현실적으로 불가능한 구조를 가지고 있음을 알 수 있다. 작은 교회의 경우에는 공간이 부족하고, 교재 구입과 단체복장을 위한 재정이 부족하거나, 영상장비가 뒷받침되지 않으면 준비하기 어려운 예배 형식이다.[39]

③ 와우큐키즈와 앤프랜즈는 예배 전에 카운트다운을 하며 어린이들이 함께 참여할 수 있는 활동을 넣었고, 와우큐키즈는 실험과 드라마를 통해 말씀 선포가 보다 극적으로 전개되도록 노력하고 있음을 알 수 있다. 이에 반해 어와나는 예배 형식이 없고 성경학습에 중점을 두고 게임과 반별활동으로 모든 활동을 끝내고 있다.

④ 비록 각각의 예배 순서에 어린이들이 기도하고, 함께 찬양하며 게임 및 드라마나 실험과 같은 여러 활동에 참여하기는 하지만, 실제로 어린이가 예배 순서에 주체적으로 직접 참여하는 순서가 적은 편이다. 앤프랜즈의 찬양대와 같이 어린이들이 하나님께 찬양하며 나아가는 활동이 좀 더 많이 있어야 할 것이다. 이렇게 볼 때, 여전히 전체 예배 순서는 목회자가 중심이 되고, 교사는 보조하며, 학생들은 수동적으로 참여하는 형식의 변형된 형태가 아닐까 하는 의구심을 버릴 수가 없다.[40]

⑤ 무엇보다 놀이 중심의 예배 진행이 어린이들의 영적 경건성 훈련에 방해가 될 수 있음도 기억해야 할 것이다. 특별히 흥미, 오락, 경쟁적 성향을 강화할 가능성이 높은 게임을 예배에 도입함으로 함께 협력하고 하나님께 집중해야할 어린이들이 오히려 자신

의 흥미와 타인을 이기려는 경쟁에 집중할 가능성이 높다.[41] 이것이 지나치면 비록 윙윙이나 앤프랜즈와 같은 프로그램은 게임과 예배를 구분하려 했지만, 과열된 경쟁적 분위기로 인해 임영택의 지적처럼 게임과 예배의 구분이 점점 모호해질 수 있다. 또한, 게임의 실패감을 불러일으켜 서로 돕고 그리스도 안에서 하나 되게 만드는 성경의 가치와 상반되는 가치관을 오히려 이런 예배 구조가 조장할 가능성도 있음을 주지할 필요가 있다.[42]

⑥ 경쟁의식을 바탕으로 한 게임을 도입하는 것에 대해 살펴보며, 개혁주의 예배의 가장 기본이 되는 예배의 근본(foundation)을 다시금 생각해 볼 필요가 있다. 예배를 통해 어린이들을 예배에로 초대하여 하나님은 찬양 받으시고, 어린이들은 축복받는 기본적인 구조로 다시 돌이킬 필요성이 그것이다. 특별히 어린이들만의 예배, 어린이들만의 게임 활동으로 그들만의 흥미와 재미에 빠지기보다는 교회 공동체 전체가 어린이들을 축복하고 함께 하나님께로 나아가는 방식의 예배 형태로 나아가는 것이 교회 전체의 공동체성을 회복하기에도 이로울 것이다.

⑦ 시편의 찬송이 강조된 개혁주의 예배의 모토와 같이 깊은 신앙의 고백이 개인의 삶에서 나타날 수 있도록 어린이들을 독려하고 돕는 순서가 필요하다. 이를 위해 어린이들이 화답하는 찬송과 기도, 그리고 세상으로 나아가는 어린이들을 축복하고 격려하는 순서가 필요하리라고 생각된다. 그리고 임영택의 지적과 같이 초대교회, 종교개혁자들의 예배의 순서였던 가장 기본적인 '예배에로의 부름-말씀-성찬-세상으로의 파송'과 같은 단순한 구조가

필요하리라 여겨진다.[43] 물론, 성찬은 많은 논의가 필요한 부분이다. 그럼에도 온전한 형태의 예배 회복을 위해서 이처럼 보다 단순하지만, 적극적으로 어린이들도 참여할 수 있는 순서와 배려가 더욱 필요하다.

⑧ 예배의 특징상 어린이들이 숙고하고 스스로 말씀을 생각해볼 여유와 상황을 조성해야 할 것이다. 즉, 내면화하고 자신을 돌아볼 기회와 순서를 배려할 필요가 있어 보인다.

⑨ 무엇보다 이러한 이유로 예배가 무엇이며, 왜, 어떻게 참여해야 할지 예배 자체에 대한 교육과 훈련이 필요하다. 이것에 대해 임영택은 심지어 "언제 일어서야하는지, 언제 무릎을 꿇으며, 언제 그리고 왜 아멘으로 응답하여야 하며, 교독문은 어떻게 낭독해야 하는가를 배우게 하는 것"이 필요하며, 어린이와 성인이 함께 예배하면 이런 모습은 개선될 수 있음을 말한다.[44]

새로운 형식을 제안하며

정리하며

이상에서 살핀 것처럼 한국에서 어린이 예배 형식은 초창기 주일학교 운동이 일어날 때부터 큰 변화 없이 성인들의 예배 형식을 답습하는 방식을 따라왔다. 이후, 2000년대 전후로 어린이들의 참여를 극대화할 수 있는 방식의 예배 형식들을 외국으로부터 수입하여 진행하

〈어린이 예배 형식 특징과 비평〉

	특징	비평: 개혁주의 예배 특징으로 살펴본 예배구조
메빅	게임과 캐릭터를 예배 형식에 최초도입	예배와 게임의 혼재로 인해 예배의 경계가 모호함. 말씀선포 이전의 순서가 많아 말씀증거가 강조되지 못함. 단순하지 않고 복잡함. 어린이들의 참여도와 공동체성은 확보되었지만 어린이들이 직접 참여하는 순서는 부족함. 준비하는데 많은 노력이 필요. 시편이 강조되지 않음.
윙윙	메빅의 형태를 한국화한 처음 시도. 예배 전, 예배 중, 예배 후의 구조를 만들었음 2002년부터 시작	예배와 게임을 구분하고, 어린이 참여를 극대화함. 통성기도를 통해 직접 순서에 참여함. 공동체성과 적응성은 좋으나, 순서가 단순하지 않고 복잡함. 말씀이 중심이 되어 앞뒤에 성구 암송 등이 있는 것이 강점. 시편이 강조되지 않음. 여전히 교사는 준비, 학생은 간접적으로 참여하는 방식.
앤프렌즈	메빅을 한국화한 두 번째 시도. 윙윙과 비슷하게 구조를 바꾸면서 와우큐키즈의 카운트다운 순서를 가져옴	예배와 게임의 구분을 명확히 하여 경건성을 확보하려 노력함. 어린이 참여를 극대화함. 공동체성과 적응성은 좋으나 순서가 복잡함. 말씀이 중심이 되도록 배치하였고, 찬양대를 통해 학생들이 순서에 직접 참여함.
와우 큐키즈	카운트다운과 드라마, 실험 등 다양한 시도를 했으며, 이후의 반별 모임은 없고 예배로 모든 모임이 종결됨. 침묵시간을 두어 어린이스스로 내면화할 수 있는 기회를 부여함.	게임과 예배 시작의 구분이 명확하고, 말씀 전에 실험, 드라마, 동화 등으로 말씀에 집중하게 함. 어린이들의 공동체적인 활동과 적응성이 좋음. 하지만 순서가 단순하지 않고, 복잡하고, 시편이 강조되지 않고 있음. 어린이들이 순서에 직접 참여하지는 못함.
어와나	예배는 없고, 성경공부를 중심으로 게임과 반별모임과 같은 활동이 있고, 성경암송이 중심에 있음.	정식 예배 활동으로 보기 어려움 단순성과 공동체성은 강조되고 있지만 하나님께 나아가는 기도와 말씀선포가 없음. 하나의 활동에 가까움.

였다. 그리고 그것을 한국화하면서 게임과 예배를 분리하려는 시도들도 있어왔지만, 전술한대로 새로운 어린이 예배 형식의 문제점들이 드러났고, 이어 저출산에 따른 학생의 감소와 교회의 대내외적 위축과 감소로 인해 상당히 위축되고 있다.

2000년대 주일학교를 뜨겁게 달구었던 새로운 형태의 어린이 예배는 어린이들의 예배 참여율을 높이는 데는 많은 기여를 한 것이 사실이고, 지루하고 의미 없어 보이던 어린이 예배가 흥미로운 축제 분위기를 회복하게 한 것은 긍정할 만하다. 그리고 이를 통해 종교개혁자들이 예배 참여자들을 위해 성경을 그들의 언어로 사용하게 한 것과 같이, 예배 참여자인 어린이들에게 주목하여 그들이 예배의 주체가 되도록 그들의 언어와 문화에 적합한 방식의 예배 형식을 고민하고 어린이들이 이해하는 방식의 예배를 드렸다는 점 또한 긍정할 만하다.

하지만 예배는 참여자가 이해하는(understandable) 방식은 취하되, 그들이 원하는(wanted) 방식으로 진행하는 것에 대해서는 신학적이고 근본적인 반성이 필요하리라 생각한다. 우선적으로 예배는 예배를 받으시는 여호와 하나님이 원하시는 방식과 하나님을 높이는 방식이 되어야하기에 새로운 어린이 예배 형식에 경건성이 사라지고, 지나치게 경쟁적이고, 어린이의 흥미를 자극하는 방식으로 진행되는 것에 대한 우려와 문제점을 지적하는 것 또한 외면할 수 없는 사실이다.

이로 인해, 다시금 쇠퇴해가는 어린이 예배의 모습을 새롭게 조직하되, 이전에 있었던 예배의 다양한 방식들을 비평적으로 살필 필요가 있다. 본 글에서 전술한 것처럼 예배의 가장 기본적인 방식인 '하나님은 영광 받으시고, 어린이들은 축복을 받는' 방식으로 다시금 예배를 디자인하되, 어린이들의 언어와 문화를 무시하지 않는 형태가 되어야 할 것이다. 아울러, 어린이들만 드리는 예배로 인해 부모 세대와 어린이 세대 간의 예배의 분리가 신앙의 분리로 이어지는 이때에[45] 어린이들이 드리는 예배에 부모가 참여하고, 어린이들이 드리는 예배의 설교(주제)와 성인예배의 설교(주제)가 함께 하는 방식의 새로운 시도들에도 관심을 가져야 할 것이다.[46]

새로운 어린이 예배 형식의 개발을 위한 제언

앞으로 있을 새로운 형식의 어린이 예배를 발전시키기 위하여 다음의 몇 가지 내용을 제언하고자 한다.

① 어린이 예배는 본질적으로 어린이가 예배의 주체인 만큼 어린이의 정서적, 인지적, 신체적 필요와 상황을 잘 반영하는 방식으로 기획되고 준비되어야 할 것이다. 이를 위해 2000년대 활발하게 진행된 새로운 어린이 예배 형식에 대한 보다 심도 깊은 신학적인 반성작업은 거치되, 어린이들을 이해하는 교육학적인 이해와 고려도 해야 할 것이다.

② 어린이 예배에 대한 논의를 할 때 "어떻게 하면 많은 아이들이 예배를 지루해하지 않으며, 많은 아이들이 참여하게 할 수 있을까?"라는 질문을 던지기보다 "어떻게 하면 아이들이 예배를 통하여 하나님을 만나고 합당한 영광을 돌려드리게 할 수 있을까?"라는 근본적인 질문을 던져야 할 것이다.[47]

③ 어린이 예배를 기획하되, 전술한 것과 같이 어린이와 부모의 예배의 분리가 신앙의 분리로 이어지지 않도록 어린이와 부모가 함께 드리는 예배(통합예배)를 드리되, 어린이 예배에 부모를 초대하는 예배의 형식도 나쁘지 않다고 여겨진다. 혹, 성인예배의 설교 주제와 어린이 예배의 주제를 통일하는 방식으로 진행하는 방법도 고려해 볼 만하다.

④ 어린이 예배를 기획할 때 교사와 교역자가 중심이 되어 신앙을 '교육'하는 방식의 예배에만 그치지 않고, 어린이들도 하나님 앞에서 참된 예배자로 서야 함을 잊지 않고 그들로 직접 예배에 참여하고 심지어 주도하는 방식으로 진행되도록 해야 할 것이다. 이를 위해, 어린이들이 직접 사회, 기도, 찬양대 및 헌금 수전과 같은 것을 할 뿐 아니라, 그들이 주도하는 예배가 되어야 함을 가르치고 교육하여 스스로 진행하는 예배가 되도록 기획해야 할 것이다.

⑤ 어린이 예배에 대한 부모와 교사의 인식의 재고가 필요하리라 생각된다. 어린이 예배는 뭔가 부족한 예배나 부모들의 예배 시간에 보모가 필요하기에 해야 하는 정도의 수준으로 낮게 생각하지 않도록 교육해야 할 것이다. 무엇보다 어린이 스스로도 하나님이 부르신 예배, 하나님을 만나는 예배임을 깨닫도록 교육하고 예배의 경건한 분위기를 조성하는 것이 필요할 것이다.

⑥ 예배를 기획할 때 전제한 것처럼 어린이 예배도 바른 형식(모형)의 개발이 필요하다. 가장 기본적인 '예배에로 초대-죄의 고백과 사죄의 선포-하나님의 말씀 선포-찬양으로서 화답-헌금-주기도' 등의 구조를 가지도록 준비하되, 그들의 언어와 문화를 고려

하고 무엇보다 복잡하지 않고 심플하면서도 하나님이 기뻐하시는 방식을 고민하여 준비하도록 해야 할 것이다.

⑦ 마지막으로 예배의 형식(모형)이 준비되었다면, 이와 함께 어린이, 교사, 교육자들에게 바른 예배가 무엇이며, 어떻게 드려야 하고, 왜 드려야 하는지에 대한 반복적인 예배 교육이 필요할 것이다. 나아가, 예배가 그들의 삶과 연결이 되도록 적용성있는 말씀 선포와 화답, 그리고 삶으로의 예배에 대한 고민의 반영이 있어야 할 것이다.

본 글을 통해 어린이 예배 형식에 대한 보다 심도 있는 논의가 이뤄지기를 소망해 본다. 이를 통해 내일의 주일학교에서 드려지는 예배는 어린이들이 보다 주체적으로 살아계신 하나님을 찬양하고 높이며, 하나님이 내리시는 하늘의 축복을 보다 가득 받고 누리는 예배가 되기를 소망한다. 아울러, 우리 어린이들이 세상에서 누릴 수 없었던 하나님의 깊은 은혜와 사랑 안에서 자라나, 다음 세대의 지역과 사회, 그리고 세계와 열방을 향해 나아가는 믿음의 사람들로 세워지는 일이 예배의 회복을 통해 일어나기를 소망해 본다.

미주

1 이것에 대해 고원석은 교회학교 교사들이 "어린이 예배는 진짜 예배인가?"라고 종종 질문하는 것을 듣게 된다고 말하면서, 어린이 예배가 가짜 혹은 진정한 의미의 예배와는 다르다는 의식이 많이 있음을 지적하고 있다. 고원석, "어린이 예배의 의미와 모형들," 『교육교회』 6, (2012): 21-22.

2 Beth Posterski, '예배와 어린이' 『기독교 교육학사전』, 마이클 J. 앤서니 편집 (서울: CLC, 2010), 637.

3 실제로 유대교에서는 어린이들은 영적으로 각성하지 못한 존재로 여겼다. Cornelia B. Horn & John W. Martens, "let the little children come to me" *Childhood and Children in Early Christianity*, (Washington, D. C.: The Catholic University of America Press, 2009).를 참조하라. 유대 사회뿐 아니라 로마 사회에서도 여성은 침묵하는 존재였다면, 어린이는 절대적인 침묵을 지켜야하는 존재로 여겨졌을 정도로 무시되고 외면된 존재였다. 다음의 내용을 참조하라 C. Mantle, "The Roles of Children in Rome Religion," *Greece & Rome* 49.1, (2002): 85. "If women can be called 'the silent women of Rome,' then children are even more completely silent."

4 Christian Grethlein, 『교회의 아이들: 어린이 예배 사역자들을 위한 지침서』, 김상구, 김은주 옮김 (서울: CLC, 2014), 29-30.

5 김상구, "어린이 예배 갱신에 관한 소고," 「성경과 신학」 63 (2012): 58.

6 임영택, "어린이 통합예배 모형," 「기독교교육정보」 24, (2009): 44.

7 Grethlein, 29.

8 김상구, 63.

9 양금희, "독일의 기독교교육 II : 어린이예배·Kindergottensdienst를 중심으로." 「교육교회」 172 (1990): 50.

10 김상구, 63.

11 독일의 주일학교에 대해 양금희는 "우리나라와 똑같은 역사적인 근원을 갖고 있으면서도, 독일식으로 변형된 형태"라고 하는데, 이는 우리나라의 기독교 전파가 미국 선교사를 중심으로 진행되었고, 주일학교의 연원도 그와 비슷하기 때문에 이렇게 보는 것 같다. 양금희, 46-47.

12 어린이 예배를 분석하려면 분명한 분석의 기준이 필요하다. 비록 예배의 정의와 특징에 대해 다양한 의견이 있을 수 있지만, 본 글에서는 제임스 드 종과 Howard . L Rice와 James C. Huffstutler가 주장한 개혁주의적 예배의 특징을 따라 분석하려 한다. 제임스

드 종, 『개혁주의 예배』 (서울: 기독교문서선교회, 1997)와 Howard L. Rice & James C. Huffstutler, *Reformed Worship*, (Louisville: Geneva Press, 2001) 참조.

13 제임스 드 종, 11.

14 조혜정, "어린이예배 갱신에 관한 연구: 7-11세 아동을 중심으로," 「복음과 교육」 2 (2005): 255.

15 정일웅, 『기독교 예배학 개론』 (서울: 범지, 2005). 11-12.

16 Don Sailers는 신실한 예배를 통해 인간의 파토스가 신적인 에토스에 이끌린다(is drawn to)고 말하는데 여기서 인간의 파토스는 이 세상에서의 인간의 고통(열정과 감정을 포함한)을, 신적 에토스는 하나님이 예전을 통해 우리에게 자신을 주시는 것을 의미한다고 한다. 즉, 신실한 예배를 통해 인간의 파토스의 취약성(vulnerability)과 말씀선포와 예전을 통한 신적 에토스의 가변성(vulnerability)이 만나면 기독교 예전이 변화되고 강화된다고 한다. Don Sailers, *Worship as Theology: Foretaste of Glory Divine*. (Nashville, TN: Abingdon Press, 1994), 22.

17 제임스 드 종, 14.

18 제임스 드 종, 21.

19 Rice & Huffstutler, 6-8.

20 허도화, 『한국교회 예배사: 주일예배의 형성과 발전』 (서울: 한국강해설교학교 출판부, 2003), 17-21.

21 허도화, 18.

22 황문찬, 『주일교회학교란』 (서울: 종로서적, 1985), 58에서 재인용

23 황문찬, 61.

24 이 부분에 대해 나삼진은 우리나라 사람에 의해 만들어진 오늘날의 여름성경학교 교재 출간의 시작으로 보고 있다. 나삼진, "베드로의 신앙(1956)," 「교회와 교육」 2012 가을호, 78-80. 참조. 이상규, 강용원, 나삼진, 『대한예수교장로회(고신) 교회교육역사』 (1952-2012), (서울: 생명의 양식, 2016), 73.

25 대한예수교장로회총회교육부 편, 『성경과 예수님: 여름성경학교 교사용 교본』 (부산: 총회출판부. 1980).

26 심군식, 『어린이 예배, 설교, 동화』 (부산: 대한예수교장로회 총회교육위원회, 1987). 61-67.

27 심군식, 52-57.

28 신숙진, 「어린이예배 갱신에 관한 연구」 한신대학교 석사학위 논문 (2001), 16.

29 임형택, "어린이 통합예배 모형," 「기독교교육정보」 24. (2009): 43.

30 조혜정, "어린이예배 갱신에 관한 연구: 7-11세 아동을 중심으로" 「복음과 교육」 2 (2005): 248.

31 김국환, "'어, 메, 웡 ~와'에 주목하는 한국교회교육," 「기독교교육논총」 18 (2008): 27.

32 임영택, 45.

33 김국환, 32에서 재인용.

34 김국환, 34-36.

35 민장배, "어린이예배의 문제점과 대처방안," 「복음과 실천신학」 25 (2012): 163.

36 임영택은 2006년에 시작한 것으로 말하지만, 앤프렌즈 홈페이지와 명성교회의 홈페이지에서는 2005년에 시작한 것으로 명기하였다. 그리고 2008년에 본격적으로는 앤프렌즈 사역이 시작되었다. http://www.msch.or.kr/xe/?mid=school04_04 와 https://media.wix.com/ugd/4a06a2_f60975e4b4984a61b60fe85c99b6f488.pdf 를 참조하라.

37 임영택, 45. 자세한 내용은 어와나 홈페이지를 참조하라. http://www.awanakorea.net/c01/c01_03.php

38 임영택, 45-46.

39 임영택, 47; 김국환, 41.

40 김상구, 63.

41 김국환, 41-43.

42 임영택, 46.

43 임영택, 52.

44 임영택, 54-55.

45 이것에 대해 깊이 논의할 수 없기에 예배의 분리가 신앙의 분리를 가져온다는 논의를 하는 다음의 글들을 참조하면 도움이 될 것이다. Paul, T. Jones, *Perspectives on Family Ministry 3 Views*, (Nashville: TN, B & H, 2009), 34. 박화경, "세대 간 교류교육 (Intergenerational Education)의 중요성과 교육모델에 대한 연구," 「기독교교육정보」 26, (2010): 261-289. 양금희, "특집: 다음세대와 함께 하는 교회: 다음세대 신앙의 대 잇기를 위한 교회교육." 「교육교회」 398, (2011): 14-20. 이정관, "청소년 기독교 신앙교육을 위한 가정과 교회의 교육연계," 「신학과 실천」 31, (2012): 457-482. 박신웅, "기독교교육에서 주체와 객체의 상호성에 대한 연구: 가정과 가정예배를 중심으로," 「기독교교육정보」 49, (2016): 8-10.

46 만나교회(김병삼 목사 시무)의 경우 만나 컨퍼런스를 통해 담임목회자의 설교 시리즈에 맞게 각 주일학교 부서의 설교와 소그룹 교재를 개발하여 함께 하는 방식으로 진행되었던 내용을 소개하였는데 이 또한 좋은 아이디어가 아닐 수 없다. http://mannaconference.co.kr/broadcasting/?board_name=notice_1&mode=view&search_field=fn_title&order_by=fn_pid&order_type=desc&board_page=1&list_type=list&board_pid=5 참조.
미국의 라이프 웨이 출판사에서 최근에 개발한 Gospel Project 프로그램의 경우도 유치-초등 저학년-초등 고학년-청소년-성인으로 이어지는 모든 연령대에 매주 동일한 본문으로 성경 전체를 3년 프로그램으로 함께 진행하여 같은 내용을 그 주에 배우게 하였다. https://www.gospelproject.com 참조.

47 심형섭, "상징적 예배언어 관점에서 본 한국 교회학교 예배현장 분석에 따른 예배교육현장에 대한 기독교교육적 제언," 「장신논단」 47. (2015): 320.